こんなところでつまずかない！

高齢者をめぐる法律問題 21のメソッド

東京弁護士会 親和全期会
編著

第一法規

はしがき

　厚生労働省及び内閣府が公表している情報によれば、2020（令和２）年における日本国内の約１億2000万人の総人口に占める65歳以上の人口の割合は28.6％ということでした。また、2023（令和５）年の統計では29.1％と微増しています。この29％という割合は現時点で世界最高ということです。そして、徐々に出生率が低下している現状では、今後日本国内の総人口は減少していく一方で、日本国内の総人口に占める65歳以上の人口割合は2040（令和22）年には約35％、2070年には約39％まで上昇するというシミュレーションも公表されています。

　弁護士は、「基本的人権を擁護し、社会正義を実現する」ことを使命としている中で（弁護士法１条）、既存の法律サービスだけでなく、社会の変化に応じた法律サービスを提供できるよう日々研鑽を積まなければ、この使命を十分に果たすことはできません。今後さらに国内の高齢化が進んでいく可能性が見込まれる中で、高齢者に関わる法律サービスも益々発展していくことが望まれます。その中で執筆を企画したのが本書です。

　本書の企画に際しては、「高齢者」という用語は多義的であるため、弁護士実務において高齢者にまつわる案件にはどのようなものがあるかという知恵出しから始めました。そして、同時並行で「相続事件21のメソッド」も改訂を行いましたので、両書において内容が重なることがないように、編集委員、執筆者の皆様と協議を重ねたうえで今回のメソッド21項目を決定しました。最終的には、遺言、信託、事業承継などといったおよそ当事者に高齢者が登場する事件類型だけでなく、雇用関係、離婚問題、破産、空き家問題まで、一般事件の当事者に高齢者が関与した場合の体験談も載せることにしました。

　本書に限らず、この21のメソッドシリーズは、弁護士登録15年目以下の若手弁護士の体験談を記すことで、生の事件ならではの処理の悩み、

ノウハウ、留意点などを読者の皆様に広く共有する点にあり、緻密な理論が記された基本書、コンメンタール等とはまた別の価値があると考えています。「事実は小説よりも奇なり」と言われるように、机上の理論だけでは足りない生の事件ならではの特徴があり、1つとして同じ事件はありません。生の事件で得られた経験値だけは、各種文献や数多の情報があふれるインターネット上でも容易に収集できるものではないと思います。若手弁護士らが得た経験値を、読者の皆様に少しでもお役に立てることがあればと思い本書を発行させていただきます。

　本書を手に取られた読者の皆様において、高齢者事件に対するさらなる研鑽の契機にしていただければ、望外の幸せです。
　最後に、本書上梓にあたっては、第一法規株式会社編集第一部の藤井恒人氏、秀嶋紗千子氏に大変にお世話になりました。ここに厚く御礼を申し上げます。

令和6年12月

東京弁護士会　親和全期会

令和6年度代表幹事

弁護士　西村　健

こんなところでつまずかない！
高齢者をめぐる法律問題
21のメソッド

目次 Contents

はしがき ……………………………………………………………………… i

Method 01　高齢者から弁護士が受任するときの注意点
依頼者の話を盲信してはならない　001
体験談1　窓口担当とだけ話をしていて大丈夫？ ……………………… 002
体験談2　主張が二転三転する依頼者 …………………………………… 005
ワンポイントアドバイス …………………………………………………… 007

Method 02　遺言（内容）
事案に応じて遺言に何を書くか考えよう　009
体験談1　遺言があれば一安心？ ………………………………………… 011
体験談2　外国人の遺言作成 ……………………………………………… 013
体験談3　遺言作成の際にはさまざまな可能性を考える ……………… 016
体験談4　遺産分割が進まない…… ……………………………………… 018
ワンポイントアドバイス …………………………………………………… 020

Method 03　遺言（形式的要件）
その遺言書、要件みたしてますか？　021
体験談1　半身麻痺・失語症と遺言 ……………………………………… 023
体験談2　「すまぬ、行けぬ」の公証人 ………………………………… 026
体験談3　自筆証書遺言の形式的要件 …………………………………… 028
ワンポイントアドバイス …………………………………………………… 030

Method 04 遺言（意思能力）
遺言能力が問題となることを想定してつくろう　032
- 体験談1　自筆証書遺言作成時の録音 …… 034
- 体験談2　録画は効果あり？ …… 036
- ワンポイントアドバイス …… 039

Method 05 公正証書遺言
公正証書遺言でも安心するな　040
- 体験談1　公正証書遺言が1通とは限らない …… 042
- 体験談2　遺留分侵害額請求と時効 …… 044
- 体験談3　公正証書遺言に必要な遺言能力 …… 047
- ワンポイントアドバイス …… 049

Method 06 成年後見（申立前）
誰が申し立てることができるの？　050
- 体験談1　家族観と申立権者 …… 053
- ワンポイントアドバイス …… 055

Method 07 成年後見（申立判断）
後見人によって流れが変わる！選定は慎重に……　057
- 体験談1　誰を後見人候補者にすべきか!? …… 060
- 体験談2　交通事故と成年後見人申立 …… 062
- ワンポイントアドバイス …… 064

Method 08 任意後見
本人の意思確認が重要　066
- 体験談1　任意後見契約の内容説明 …… 070
- ワンポイントアドバイス …… 072

Method 09 家族信託
安定した仕組みを作れるかが勝負　074
- 体験談1　受託者を誰にするか ……………………………………… 078
- 体験談2　借地を信託する …………………………………………… 080
- 体験談3　信じて託したその後に ……………………………………… 083
- ワンポイントアドバイス ………………………………………………… 085

Method 10 高齢の親と面会できない場合の対処法
最終手段は面会防害禁止の仮処分　086
- 体験談1　弁護士の介入で親に面会できたケース ………………… 090
- 体験談2　仮処分手続中に和解が成立したケース ………………… 092
- 体験談3　後見人と和解したケース ………………………………… 094
- ワンポイントアドバイス ………………………………………………… 096

Method 11 高齢者の雇用問題
高齢者の働き方に応じた対応を行うことが重要　097
- 体験談1　働き続けてもらう場合の事前準備 ……………………… 099
- 体験談2　定年後再雇用における待遇は？ ………………………… 101
- 体験談3　高齢者が安全に働くためには …………………………… 103
- ワンポイントアドバイス ………………………………………………… 105

Method 12 高齢者の離婚
どっちがお得？　106
- 体験談1　財産分与と相続を天秤にかけたら…… ………………… 109
- ワンポイントアドバイス ………………………………………………… 111

Method 13 中小企業の事業承継（株式集約型）
課題から逆算した事前対策が肝要　112
- 体験談1　事業承継の手法選択 ……………………………………… 115
- 体験談2　誰を後継者にするか ……………………………………… 117
- ワンポイントアドバイス ………………………………………………… 119

| Method 14 | 中小企業の事業承継（株式分散型）
集める前に、そもそも株式は
誰が保有しているの？ 121 |

体験談1 株式が分散していて事業承継ができない！ ………………… 123
体験談2 意外とありがち名義株 ………………………………………… 128
ワンポイントアドバイス ……………………………………………… 130

| Method 15 | 終活
適切な終活により紛争を防ぎ、
円滑な相続につながる 133 |

体験談1 外国資産の処理は大変 ……………………………………… 134
体験談2 「終活」と一口にいうけれど ……………………………… 136
ワンポイントアドバイス ……………………………………………… 139

| Method 16 | 介護施設内事故・医療事故
いろいろなハードルがあるので、
慎重に検討して事件の見通しをたてよう 141 |

体験談1 介護事故における損害賠償請求訴訟 ……………………… 144
体験談2 軽微事故ほど闇の中へ……
　　　　意思疎通困難な高齢者に対する軽微事故の
　　　　損害賠償業務の困難さ ……………………………………… 146
ワンポイントアドバイス ……………………………………………… 149

| Column | 高齢者施設の違い ……………………………………… 150 |

| Method 17 | 死後の事務処理
人生の思い出整理人 152 |

体験談1 ごみ屋敷で発見した心の遺産 …………………………… 153
体験談2 本当にあった死後事務の世界 …………………………… 156
ワンポイントアドバイス ……………………………………………… 159

| Column | 死後事務委任契約とは ………………………………… 160 |

Method 18 空き家問題
早め早めの対応を！ ... 162
- 体験談1 相続放棄しても責任？ ... 163
- 体験談2 空き家になる前に遺贈 ... 165
- ワンポイントアドバイス ... 167

Method 19 相続財産清算人・特別縁故者の財産分与
「対策が間に合わなかった」で終わらせない ... 169
- 体験談1 特別縁故者の申立て経験談 ... 172
- 体験談2 大株主がいなくなった？ ... 176
- 体験談3 遺言書が作成できなかった ... 179
- 体験談4 特別縁故者に対する相続財産の分与申立 ... 181
- ワンポイントアドバイス ... 184

Method 20 お墓の問題
依頼者に寄り添った対応を ... 185
- 体験談1 どこのお墓に入れるの？－遺骨をめぐる子らの争い ... 187
- 体験談2 遺骨でひどく争った案件 ... 189
- 体験談3 お墓の管理を誰に任せるか ... 191
- ワンポイントアドバイス ... 193

Method 21 高齢者案件でのあるある話
時機に応じた適切な判断を ... 195
- 体験談1 さまざまな和解のタイミング（高齢者案件編） ... 196
- 体験談2 破産しないという選択 ... 198
- 体験談3 夫婦関係の終活途中で発生した相続問題 ... 202
- 体験談4 依頼者の相続人とのトラブル ... 204
- ワンポイントアドバイス ... 206

Column 税金にまつわる話 ... 208

執筆者一覧 ... 211

本書中の体験談は、執筆者自身の経験や他の弁護士へのインタビュー等を元に内容を再構成したものです。各体験談冒頭のプロフィールは、必ずしも各執筆者のプロフィールと一致するものではありません。

凡例
裁判例には、原則として判例情報データベース「D1-Law.com判例体系」の検索項目となる判例IDを〔　〕で記載しています。
例：最三小判平成16年7月6日民集58巻5号1319頁〔28091931〕

民集	大審院民事判例集、最高裁判所民事判例集
裁判集民	最高裁判所裁判集民事
家月	家庭裁判月報
判タ	判例タイムズ
判時	判例時報
金法	金融法務事情

本書は2024年11月までに公表されている内容によっています。

Method 01 | 高齢者から弁護士が受任するときの注意点

▶ **依頼者の話を盲信してはならない**

―― 日本は超高齢化社会に突入しており、弁護士も高齢者から相談を受け、事件を受任する機会が多くなります。
その際、どのような点を注意すればよいでしょうか。

進む高齢化の状況

　令和6年版高齢社会白書によれば、我が国の総人口は令和5年10月1日現在、1億2,435万人であるのに対し、65歳以上の人口は3,623万人であり、総人口に占める割合（高齢化率）は29.1％です。65歳以上の人口のうち、75歳以上の人口は2,008万人であり、総人口に占める割合は16.1％であって、65歳から74歳の人口を上回っています。
　また、今後、総人口が減少していく中で、65歳以上の者が増加することにより高齢化率は上昇し続け、令和19年には33.3％、令和52年には38.7％に達する社会が到来すると推計されています。38.7％とは、国民の2.6人に1人が65歳以上の者であるという計算です。
　以上の高齢化の状況からみれば、弁護士に対する高齢者からの依頼・相談も増加するものと考えられ、弁護士としてこれらの依頼・相談に対

応する力が必要になってくるものと思われます。

窓口担当とだけ話をしていて大丈夫？

弁護士6年目　男性

窓口担当との打ち合わせ

　高齢の依頼者から依頼を受けた場合、具体的な打ち合わせの場面には、依頼者本人ではなく依頼者の家族が対応するという経験がある方も少なくないと思います。
　本件も、依頼者が高齢で、依頼者から最初に依頼を受けた際に、今後の対応は依頼者の子どもに任せるといわれた案件でしたので、基本的な打ち合わせやメールの連絡などは依頼者の子どもと行っていました。

依頼の事件の内容

　依頼者から受けた依頼の内容は、依頼者が共有者になっている土地の共有物分割請求事件でした。
　受任後、まずは相手方との交渉から話を始めたのですが、共有者が複数人いて、かつ他の共有者も高齢であったため、なかなか連絡をとることが難しい状況でした。そのため、他の共有者の意向を確認するのにも時間がかかってしまいました。
　交渉中、複数回依頼者の子どもと打ち合わせをして、任意の話合いでの解決は難しいとの結論に至ったため、共有物分割請求の調停を申し立

てることになりました。

　当初依頼者から依頼を受ける際、交渉事件だけで委任を受け、委任の範囲に調停を含めていなかったため、調停を申し立てるにあたり、あらためて依頼者との間で共有物分割請求の調停の委任契約を締結しました。

　この際、私は、調停を申し立てて、調停の場でほかの共有者と話し合うことについて依頼者本人であるAに電話をかけ、状況を説明したうえで、あらためて委任契約書を作成しました。そのうえで、共有物分割請求の調停を申し立てました。

依頼者の様子が……

　共有物分割請求の調停に出席したところ、依頼者以外は全員本人が調停に直接出席していました。そこで、依頼者の子どもを通じて依頼者に、直接調停に出席するか確認をしましたが、依頼者からは体調を理由に直接の出席は断られてしまいました。

　調停が始まってから半年ほど経過した頃、ほかの共有者から、依頼者と直接話をして意見を聞きたいと言われました。

　依頼者の子どもにあらためて依頼者の意向を尋ねると、「依頼者はほかの共有者と直接会いたくないと言っている。本人が話をしている動画があるので見てほしい」と言うので、依頼者が話をしている動画を見せてもらいました。

　依頼者の子どもに見せてもらった動画では、依頼者は、ひどく呂律が回っておらず、表情もどこか固く、十分な意思能力があるかどうかは疑問が残りました。

　調停の委任を受けるために依頼者と電話をした際、確かに受け答えははっきりしていたと思いましたが、直接会って会話をしたわけではなかったため、「まさか調停の申立ての時点で意思能力が低下していたのではないか。調停申立権限もなかったのではないか」そう思い、私は慌てて依頼者に直接面会を求めました。

依頼者の自宅を訪れ、直接会い、あらためてこれまでのほかの共有者との話合いの流れや調停の状況、今後の依頼者の意向を確認しました。

　依頼者は、年相応に耳が遠く、やや話し辛そうにはしていましたが、会話に全く問題なく、調停の流れや現在の状況をしっかり理解しているようでした。動画ではかなり体調が悪そうだったことを確認すると、依頼者は、依頼者の子どもからカメラを向けられて緊張して話せなくなっていただけとのことでした。

最後に

　本件では、依頼者は元気で、意思能力に問題のない案件でしたので、特に問題は発生しませんでしたが、一歩間違えれば、本人の意思確認ができていない状況で調停を続けている弁護士になりかねない状況でした。

　依頼者以外の人が窓口になる場合、その窓口担当者と依頼者との意見がずれてしまっていないか確認することが重要ですが、依頼者が高齢者である場合、短い期間会わない間でも、大きく依頼者の体調や意思能力が変わってしまうおそれがあるため、特に気を付けなくてはならないことをあらためて実感しました。

> 体験談2

主張が二転三転する依頼者

弁護士11年目　男性

籍を抜きたい依頼者

　ある日、依頼者からこんなご相談がありました。
　「私には子どもがおらず、夫とは数年前に死別している。市役所に行き自分の戸籍を確認したところ、夫の親族がいつの間にか自分の養子となっていた。私はその親族を養子にした覚えがないので籍を外してほしい」
　その依頼者は、意思能力・判断能力は衰えておらず、私の質問にもはっきりと回答する方でした（私と食事をした時はお酒も飲まれていた）が、当時84歳の女性でした。

養子縁組届を確認してみると……

　「夫の親族を養子にした覚えはない」というご相談内容だったので、その親族に対して、養子縁組無効を求めることを考えていました（最終的には、訴訟を提起することとなりました）が、まずは、市役所に提出されているであろう養子縁組届を取り寄せてみると、明らかに依頼者の筆跡で養親欄に自署をしている養子縁組届がありました。
　依頼者に取り寄せた養子縁組届を見せながら、再度、依頼者に事情を聞くと、
　「その養子となっている夫の親族から、『この用紙にサインをしてハンコを押してくれ』と言われて、サインをした記憶はある。でも当時、そ

の養子となっている夫の親族から、たくさんの書類にサインをしてとせがまれたので、どの書類にサインをしたかはわからない」と、話をするようになりました。

　そのほかにも、養子となっている子（夫の親族）との間のこれまでのやり取りや、養子縁組届を市役所に提出するまでの経緯、養子縁組届に記載されている証人と依頼者との関係性について、お話を聞いていくと、当初の聞いていた話と異なる点が出てきたため、裁判において、主位的に養子縁組無効確認だけではなく、離縁請求も予備的に追加する必要があると考えられました。

依頼者とのやり取りで留意したこと

　このような依頼者の主張の変化は、他のケースでも起こり得ると思います。私は、以下の点を心がけました。
　①可能な限り、依頼者と密なコミュニケーションをとること（訴訟期間中は少なくとも1か月に1回程度はご自宅を訪問して、お話をうかがっていました）
　②依頼者とのコミュニケーションにおいて事務員などを介することはあまりせず、できる限り直接連絡をとること
　③事情のヒアリングの際に、客観的な資料があるのであれば、その資料を依頼者に開示しつつヒアリングをすること
　④幾度も依頼者から事情をおうかがいしていれば、いつも主張が変わらない事情と主張が変わる事情の峻別ができるので、そこを見極めること。

当事者尋問について

　なお、この裁判は、第1審の家庭裁判所では、主位的請求である養子

縁組無効確認請求は棄却されましたが、予備的請求である離縁請求は認容されました。依頼者は肺に持病があり、余裕を持って裁判所へ行く（その後当事者尋問を行う）ことが難しいと考えられたため、この裁判の当事者尋問は、裁判所外で尋問すること（民事訴訟法210条、195条）を求め、相手方本人との間の遮へい措置（民事訴訟法210条、203条の3第1項）をとったうえで、尋問を行いました。場所は、依頼者の自宅近くの公民館の会議室を借りて尋問を実施し、相手方である夫の親族を目の前にしてはうまく話をすることができないことなどを説明して遮へい措置をとりました。事情を詳細に説明すれば、裁判所も比較的措置を認める傾向にあると感じています。

ワンポイントアドバイス

依頼する高齢者以外の者を窓口とする場合

　高齢の依頼者から依頼を受けた場合、高齢を理由に、依頼した高齢者本人ではなく、依頼者の親族が弁護士との窓口となることを申し出てくるケースがあります。その際、当該窓口となる親族とのやり取りのみで事案を進めてよいのか？弁護士としては「窓口対応している親族の意思と依頼者本人の意思がもし異なっていたら？」と仮定し、どのタイミングで依頼者本人に意思確認を行うのか？どのような方法で意思確認を行うのか？（電話で確認することで足りるのか、直接面談して確認する必要があるのか）を見定める必要があります。

依頼者である高齢者本人への意思確認

　弁護士が依頼者である高齢者と直接面談を行っているケースでも、依

頼者の意向・主張が変遷することがあります。それは、本人の記憶力の問題かもしれませんし、本人の当日の体調や精神面（緊張する場での打ち合わせだった、打ち合わせの相手が初対面だった、など）が影響しているかもしれません。弁護士としては、そのような可能性があることも踏まえて、できる限り客観的な資料を確認しつつ事情を聴取するなど、本人の主張を正確に把握する工夫が必要です。

Method 02 | 遺言（内容）

▶ 事案に応じて遺言に
何を書くか考えよう

——遺言には、財産や身分に関する事項以外にも様々な内容が記載されているケースがある。遺言の内容にまつわる問題にはどのようなものがあるだろうか。

遺言書の記載事項

　遺言は、主として財産や身分に関する遺言者の最終的な意思表示です。遺言書に記載することで法的効果を生じさせる事項については、民法やその他の法律で定められています（法定遺言事項）。法定遺言事項は、大きく分けると①相続に関する事項、②相続以外の財産処分に関する事項、③身分に関する事項、④遺言執行に関する事項の4つです。

　実務では、遺言者が遺言書に遺産分割方法（①相続に関する事項）を記載したものの、その内容に疑義が生じたり、財産に漏れがあったりすることで、遺言者の死亡後に紛争が生じるケースが少なくありません。遺言書作成に関与する依頼を受けた場合、遺言が無効にならないようにすることはもちろん、可能な限り遺言者死亡後の紛争を予防する観点から遺言の内容を検討することが重要です。

法定遺言事項以外の記載

　上述のとおり、遺言書に法定遺言事項を記載すれば法的効力が生じます。ですが、遺言書に法定遺言事項以外を記載しても、その事項については法的拘束力がありません。

　ところが、遺言書に遺言作成の経緯、相続人に向けたメッセージといった法定遺言事項以外の記載がされている場合があります。

　このような法定遺言事項以外の記載は、遺言の内容をめぐって紛争が生じた場合に遺言者の意向を確認する重要な資料になり得ます。当然、遺言の内容が問題となって紛争が生じたときには、遺言者はすでに死亡していますので、遺言者の意向を確認できる資料は紛争解決に役立つでしょう。一方、遺言者が高齢者の場合、遺言能力が問題になるケースも多いため、遺言者の意向が真に反映されているかの検討は必須です。

　遺言書に法定遺言事項以外を記載しても、そのこと自体が遺言の無効事由となるものではありませんので、遺言作成に関与する依頼を受けた場合、遺言書に法定遺言事項以外の記載をする助言をしても何ら問題ありません。もっとも、あえて遺言書に法定遺言事項以外を記載する必要もないので、このような記載については、遺言書の付言に記載するか、手紙等を別途用意して遺言書と一緒に保管するといった方法でのこしておいた方がよいでしょう。

遺言の撤回

　相続事案では、複数の遺言が存在する場合や事後的に最新版の遺言が発見される場合も少なくありません。遺言書が複数存在し、前の遺言と後の遺言が抵触する場合、後の遺言によって、前の遺言の抵触する部分を撤回したものとみなされます（民法1023条1項）。

　遺言書作成に関与する依頼を受けた場合には、前の遺言があるケースも想定しておくことが重要です。前の遺言があるケースでは、遺言者が

前に作成した遺言を残しつつ、ある特定の財産を承継させる遺言を作成するのか、あるいは、前の遺言を撤回して財産全てを承継させる遺言を作成するのか等依頼者の意向を確認する必要があります。

> 体験談 1

遺言があれば一安心？

弁護士 7 年目　男性

高齢の父の財産について

　A さんから、高齢となった父親 X さんについて相談がありました。X さんの妻はすでに亡くなっていますが、X さんの子は A さんに加えて B さん及び C さんの合計 3 名がいる状態です。三兄弟の兄弟仲は良好とはいえないところ、A さんとしては（寄与分や特別受益の主張は難しいものの）、長子としていろいろと我慢してきたことがあるため自分が X さんの遺産を多く相続したいと希望していました。

「親父に遺言を書いてもらいたい」

　私から、法定相続分や、（本件では難しいものの）寄与分や特別受益、遺言や遺留分の説明をしたうえで、A さんが多めに相続するために主に考えられる方法として、X さんがそのような遺言を作成するか、又は、X さん死亡後に発生する B さん及び C さんとの遺産分割において B さんと C さんが応じるのであればそのような形で遺産分割協議書を作成することになる旨を説明しました。

Aさんとしては、後者の方法は兄弟仲がよくないこともあり円滑に遺産分割できないと思われるとのことで、「親父（Xさん）に遺言を書いてもらいたい」と強く希望するに至りました。
　もっとも、私からは、遺言を書くか否か、また、どのような内容の遺言を書くかはXさん次第であって、AさんがXさんに対してAさんに多めに相続するといった内容の遺言を書くように請求できるわけではない旨を説明しました。
　Aさんはその点を理解した様子である一方で、それでもXさんに遺言を書いてもらえるのではないかと考えている様子で、私としてはそんなにうまくいくかなと思いながらその日の相談は終了しました。

喜んだのも束の間

　ところが、後日Aさんから連絡があり、Xさんが遺言を書いてAさんに遺産を多めに相続させることにしたとのことでした。私としては意外に思いながらも、Aさんは電話口で「これで一安心です！」と喜んでいました。
　しかし、数か月後にAさんから再度連絡があり、Xさんが別の遺言を書いて先の遺言を撤回してしまったとのことです。遺言者は、いつでも、遺言の方式に従って、その遺言の全部又は一部を撤回することができます（民法1022条）。
　一度はXさんに希望どおりの遺言を書いてもらうことができたAさんでしたが、結局振出しに戻ることになりました。

信託契約による対応も

　このような場合に備えて、信託によって対応することも考えることができます。

信託においては受益者の変更権を定めていない場合は受益者の変更を行うことができないのが原則となります（信託法89条）。また、いわゆる遺言代用信託の場合は、受益者を変更できるのが原則ですが、信託契約において受益者を変更できない旨を定めることで受益者の変更を防ぐことができます（信託法90条）。これにより、遺言の撤回・変更のような形で受益者が変更されること等を防ぐことができます。

　Aさんは、Xさんが別の遺言を書いた後に、Xさんに対して信託契約の話をもちかけましたが、Xさんはこれに応じませんでした。Aさんの話から推測すると、Xさんはもともと（Aさんに多めに相続させるのではなく）法定相続分に従った相続を望んでおり、先の遺言はAさんの手前、つい作成に応じてしまったということのようでした。

　Aさんとしてはぬか喜びになってしまいましたが、その後、Xさんと時間をとってじっくり話し合うことができ、最終的にはXさんの意向に納得できたので、有意義なプロセスだったと最後は笑っていました。

体験談2

外国人の遺言作成

弁護士5年目　女性

日本にも財産があります

　弁護士になって初めて遺言書作成の業務を行ったのが、外国籍Aさんの公正証書遺言の作成でした。

　Aさんは外国籍で外国に居住していますが、日本にも財産があるため、日本での遺言書の作成を希望していました。なお、Aさんは日本語を使用できました。

日本で遺言を作れるか

　まず、そもそも日本の法律で定められた方式によって遺言を作成できるのか検討しました。

　どこの国の法律が適用されるかという準拠法が問題となるので、法の適用に関する通則法（以下、「通則法」といいます）36条及び37条を見ると、相続は被相続人の本国法によるとされ、また、遺言の成立及び効力は、その成立の当時における遺言者の本国法によるとされていました。Aさんの本国法についても調査したところ、反致（通則法41条）により、相続並びに遺言の成立及び効力の準拠法は日本法となることが確認できました。

　また、遺言の方式については特別法があることがわかりました。

　遺言の方式の準拠法に関する法律2条では、遺言の行為地法、遺言者が遺言の成立又は死亡の当時国籍を有した国の法、遺言者が遺言の成立又は死亡の当時住所を有した地の法、遺言者が遺言の成立又は死亡の当時常居所を有した地の法、不動産に関する遺言についてはその不動産の所在地法のいずれかに適合していれば方式について有効とされています。

　本件では、Aさんが日本で公正証書遺言を作成する場合は遺言の行為地は日本法であり、また、Aさんは日本国内に複数の不動産を有しており、この不動産に関する遺言であったことから、不動産の所在地法も日本法であり、いずれにしても日本の方式で遺言を作成可能であることが確認できました。

　なお、日本の方式による遺言が外国所在の財産を対象とする場合は、ハーグ条約のうち「遺言の方式に関する法律の抵触に関する条約」を批准しているかを確認することになります。もっとも、本件では、Aさんの遺言は日本国内の財産のみを対象としていたため、この点の問題は特段生じませんでした。

当日は意外とすんなり

　Aさんが外国籍であり戸籍がないため、Affidavit（宣誓供述書）で対応する等、公証役場への提出書類が異なる点や、遺言におけるAさんや相続人の氏名がカタカナ表記とアルファベット表記の併記となる点等、遺言者が日本国籍である場合と比べると若干の相違点はありましたが、大きな問題はなく遺言書の文案を作成できました。
　Aさんによる文案の確認及び公証人との文案の調整を経て、公正証書遺言の作成日を迎えましたが、当日は思っていたよりもすんなりと完了しました。

日本語話者でない場合

　なお、本件のAさんは、外国籍ではありましたが日本語を使用可能でした。ですが遺言者が英語話者で日本語を使用できない場合はどのような対応になるのでしょうか。
　まず、公正証書遺言を英語で作成することや、日本語・英語を併記する形で作成することはできません（公証人法27条）。
　この場合、弁護士としては、日本語の公正証書遺言の文案及びその英語訳を作成し、英語訳を遺言者に見せて内容を説明します。そのうえで、公証役場で公正証書遺言を作成する際には、遺言者が通訳を介することにより口授等を行うことになります（公証人法29条）。
　なお、自筆証書遺言について、日本の方式による場合は、英語で作成することが可能となっています。そのため、遺言者が英語使用者である場合は自筆証書遺言で対応することも考えられるところです。外国人の場合、自筆証書遺言への署名捺印については、署名のみで可能とされています（外国人ノ署名捺印及無資力証明ニ関スル法律1条1項）。

遺言作成の際にはさまざまな可能性を考える

弁護士8年目　男性

年の離れた子どものいないご夫婦からの相談

　あるご夫婦から遺言の作成について相談を受けたことがありました。
　夫の方が15歳ほど年上で子どもはおらず、夫には兄と弟がおり、妻には弟がいました。夫とその兄弟とは関係が悪化していましたが、夫婦と妻の弟とは関係は良好でした。
　このため、夫婦は夫→妻→妻の弟と財産を承継し、夫の兄弟には遺産を渡したくないと考えていました。
　普通に考えれば夫の方が先に亡くなることから、夫が妻に全ての遺産を相続させる旨の遺言を残しておけば、最終的に妻から妻の弟に相続されるのでそれでよいのではないかと最初は思いました。

さまざまな可能性があることを検討

　確かに夫の方が15歳ほど年上であることからすれば、夫が先に亡くなる可能性の方がはるかに高いと言えるかと思いますが、妻が先に亡くなる可能性もあります。
　「相続させる」旨の遺言により遺産を相続させるものとされた推定相続人が遺言者の死亡以前に死亡した場合、遺言者が当該推定相続人の代襲者その他の者に遺産を相続させる旨の意思を有していたとみるべき特段の事情のない限り、その効力を生ずることはないとした判例（最三小判平成23年2月22日民集65巻2号699頁〔28170249〕）があるため、

妻が先に死亡した場合は特段の事情が認められない限り遺言は無効となってしまいます（なお同判例は、特段の事情の考慮要素として、当該「相続させる」旨の遺言に係る条項と遺言書の他の記載との関係、遺言書作成当時の事情及び遺言者の置かれていた状況を挙げていますが、具体的にどのような事実を主張・立証すれば特段の事情が認定されるのかは必ずしも明らかではなく実際に裁判所に特段の事情を認定してもらうのは容易ではないと思います）。

妻が先に死亡した場合はあらためて夫→妻の弟の遺言を作成すればよいとも考えましたが、そのとき夫が重い病を患っていたりした場合には新しい遺言を作成することができずに亡くなってしまうという事態もあり得ます。また夫婦は行動を共にすることが多いでしょうから、航空機事故や海難事故などで亡くなった場合には同時死亡の推定（民法32条の2）によって夫婦間に相続が生じないという可能性も否定はできません。

予備的条項を置くことで対応

検討した結果、夫の方が15歳ほど年上とはいっても、いろいろな可能性が想定できるため、できる限り無効とならない遺言を作成した方がよいと考えました。

このため、夫が妻に全ての遺産を相続させる旨の条項の他に妻が夫より先に死亡した場合及び夫と妻が同時死亡の場合には妻の弟が包括遺贈（特に夫に負債はありませんでした）する旨の予備的条項を加えました。

この条項を加えることにより、万が一妻が先に亡くなったり、事故等によって夫婦が同時に亡くなったりした場合でも、この遺言により夫の遺産が妻の弟に承継されることになります。

遺言に予備的条項を加えることはそれなりによくあることかとは思いますが、遺言を作成する際にはいろいろな可能性があり得ることを考慮して、できる限りさまざまな事態に対応できるよう検討することが大事

なのではないかと思います。

遺産分割が進まない……

弁護士8年目　男性

代襲相続人の1人と連絡がとれず

　多数の相続人がいる事案において、その1人の相続人から遺産分割の相談を受けたことがありました。

　相談者は被相続人の妻で夫婦には子どもがいませんでしたが、調べたところ被相続人には兄弟が多かったことから、代襲相続人も含めて合計15人の相続人がいました。

　代襲相続人の1人（以下、「当該代襲相続人」といいます）は遠隔地（九州）に住んでいたのですが、通知文書（手紙）を何度かお送りしても全く返答がありませんでした。

　これでは遺産分割が進まないため、私はやむなく丸1日費やしてその住所に行ってみました。しかし、不在だったのかはわかりませんが、インターホンを押しても誰も出てきませんでした。

　近所の方にも聞いてみたのですが、当該代襲相続人は近所付き合いもないようであり、精神的に病んでいるのではないかとのことでした（もちろん正確なところはわかりません）。

相続人の地位を有しないことの確認を求める訴えを提起したいものの……

　結局このままでは遺産分割が進まないため、やむなく当該代襲相続人は相続人としての地位をもはや放棄しているものとして相続人の地位を有しないことの確認を求める訴えを提起することにしました（おそらく欠席判決になるのではないかと思っています）。

　もっとも、共同相続人が、他の共同相続人に対し、その者が被相続人の遺産につき相続人の地位を有しないことの確認を求める訴えは、共同相続人全員が当事者として関与し、その間で合一にのみ確定することを要するべきものであり、いわゆる固有必要的共同訴訟と解するのが相当であると判示した判例（最三小判平成16年7月6日民集58巻5号1319頁〔28091931〕）があるため、まずは当該代襲相続人を除く14人の相続人から訴訟委任状をいただかなければ、原則として訴えを提起することができません（後述するとおり、訴訟委任状をもらえなかった方は被告にして訴訟関与の確保を図ることはできるかと思います）。

　このため、依頼者を除く13人の相続人に当該代襲相続人に訴えを提起したい旨の手紙、契約書、委任状をお送りしたのですが、その1人から返送がなく困っている状況です。

　当事者適格を有する全員の訴訟関与を確保するという手続保障が固有必要的共同訴訟の趣旨であることからすれば、返送がなかった1人についても被告として訴えを提起することは可能かと思われますが、手紙を差し上げて協力を求めた方を被告として訴えを提起するのはできれば避けたいところではあります（再度手紙をお送りしても返事がなければ、被告とするのもやむを得ないとは思っています）。

遺言を作成する必要性

　この事案において私はいろいろと苦労することになってしまったので

すが、相談者のご主人が遺言者の有する一切の財産を妻に相続させる旨の遺言をしてさえいれば、兄弟姉妹には遺留分がありませんから（民法1042条1項）、特に問題なく相談者は遺産を相続できていたのではないかと思います。

　相続人が多数いる、相続人に何十年も没交渉の人がいる、相続人が遠隔地にいるといったケースは特に遺言を作成しておく必要性が高く、そうしないと遺産分割協議が円滑に進まず代理人も大変苦労することになることを身に染みて実感しました

ワンポイントアドバイス

自筆証書遺言書保管制度

　相続事案では、遺言書が発見されない、後々になって相続発生時により近い別の遺言書が発見されるなどの問題が生じることがよくあります。

　このような場合には、自筆証書遺言書保管制度の利用が考えられます。自筆証書遺言書保管制度は、遺言者の自筆証書遺言書を法務局の遺言書保管所で保管するという制度です。この制度では、遺言者が死亡した場合、遺言者があらかじめ指定した相続人等（指定できるのは3名まで）に対して遺言書が保管されている旨の通知が行われます。

　自筆証書遺言書保管制度には、遺言者が死亡した場合に上記通知が行われることに加え、遺言書の紛失や改ざんを防止する、相続開始後の検認が不要といったメリットがあります。他方で、この制度の対象になるのは決められた様式の自筆証書遺言書に限られ、保管された遺言書の有効性が保証されるものではないということには注意が必要です。

Method 03 | 遺言（形式的要件）

▶ **その遺言書、要件みたしてますか？**

——遺言を作成する際には、作成する遺言の種類ごとに法律で定めた様式（形式的要件）に従う必要があり、形式的要件を満たさない遺言は無効とされる。では、形式的要件はどのようなものであろうか。

遺言の形式的要件

　遺言には、普通の方式による遺言（民法第5編第7章第2節第1款）と特別の方式による遺言（民法第5編第7章第2節第2款）がありますが、通常、実務で問題となるのは普通の方式による遺言です。民法上、普通の方式による遺言として、自筆証書遺言（民法968条）、公正証書遺言（民法969条）、秘密証書遺言（民法970条）の3種類が規定され、それぞれの形式的要件は異なります。

　遺言の形式的要件は、厳格に判断され、その要件を満たさない遺言は無効とされます。そのため、遺言作成段階の相談はもちろん、遺言の有効性が問題となる相談を受けた場合には、その形式的要件を一層慎重に検討しなければなりません。

自筆証書遺言

　自筆証書遺言の形式的要件は、①遺言者が全文、日付及び氏名を自書し、これに印を押すことです（民法968条1項）。このように、自筆証書遺言では遺言者が全てを自書する必要がありますが、相続財産目録を添付する場合には、その添付する相続財産目録を自書する必要はありません。ただし、相続財産目録の全ての頁（両面に記載がある場合には両面）に署名押印が必要です（民法968条2項）。

公正証書遺言

　公正証書遺言の形式的要件は、①証人2人以上の立会いがあること②遺言者が遺言の趣旨を公証人に口授すること③公証人が、遺言者の口述を筆記し、これを遺言者及び証人に読み聞かせ、又は閲覧させること④遺言者及び証人が、筆記が正確なことを承認した後、各自これに署名し、印を押すこと（遺言者が署名することができない場合は、公証人がその事由を付記して、署名に代えることができる）、⑤公証人が前記①～④の方式に従って証書を作成したものである旨を付記して、証書に署名し、印を押すことです（民法969条1から5号）。
　口のきけない者が公正証書によって遺言をする場合には、②の口授に代えて通訳人の通訳による申述又は自署によることが必要です（民法969条の2第1項）。また、遺言者や証人が耳の聞こえない者である場合、公証人は、読み聞かせに代えて通訳人の通訳により筆記内容を伝えることが可能です（同条2項）。

秘密証書遺言

　秘密証書遺言の形式的要件は、①遺言者が証書に署名押印すること②

遺言者がその証書を封じ、証書に用いた印章をもってこれに封印すること③遺言者が公証人1人及び証人2人以上の前に封書を提出して、自己の遺言書である旨並びにその筆者の氏名及び住所を申述すること④公証人がその証書を提出した日付及び遺言者の申述を封紙に記載した後、遺言者及び証人とともにこれに署名押印することです（民法970条1項1から4号）。

　口のきけない者が秘密証書により遺言をする場合には、③に代えて公証人及び証人の前で、その証書が自己の遺言書である旨並びにその筆者の氏名及び住所を通訳人の通訳により申述又は封紙に自署することが必要です（民法972条1項）。

　なお、秘密証書遺言の形式的要件を満たさない場合でも、自筆証書遺言の形式的要件を満たす遺言は、自筆証書遺言としての効力を有します（民法971条）。

体験談1

半身麻痺・失語症と遺言

弁護＝11年目　男性

半身麻痺・失語症のご相談者

　ある女性から公正証書遺言の作成のご相談を受けました。作成者はその女性の夫で、生前対策として、公正証書にて遺言書を作りたいとのことでした。ここまでは一般的な遺言書の作成のご相談ですが、本件で検討しなければいけないことは、遺言作成者である夫は、遺言能力を有しているが、以前、脳梗塞に罹患し、その後遺症により、失語症になったうえ、半身麻痺により利き腕を動かすことができないので文字を書くこ

とも難しい、そのような状態でも遺言書を作成することができるのか、ということでした。

自宅を訪問すると

夫婦2人で自宅にて生活されているとのことだったため、早速、自宅におうかがいし、ご主人と面談をしました。話をすると、こちらの話をよく理解している様子で、相談者からおうかがいした遺言書の内容については、大きく首を縦に振り、了解をしていました。ただ、うかがっていたとおり、ご主人はお話しすることができず、また、利き腕が使えない状況で、利き腕ではない腕で、時間をかけて、ご自身の名前が書ける程度でした。

遺言書を作成できるか？

遺言者が病気等で公証役場に行くことができないときは、公証人が出張により、公正証書遺言を作成することも可能です（別途出張費がかかります）。今回は自宅に公証人に来ていただき、作成することがよいと考えました。

公正証書遺言では「口授」（民法969条）あるいはこれに代わる「通訳人の通訳による申述又は自書」（民法969条の2）が必要とされています。私は、以前、今回の件と同様に公正証書遺言書の作成の依頼を受けたものの、遺言の内容を複雑にしすぎたがゆえに（打合せ段階で遺言者はお話しできましたが）、遺言作成当日、遺言者がうまく公証人に説明することができず、その当日に公正証書遺言書を作成することができなかった、という苦い経験があり、この要件を満たすことができるのかを検討しなければならないと思いました。

いろいろと検討しましたが、筆談（民法969条の2第1項）の方法と

して、書面を利用して公証人との問答を行うことによって要件を満たすことができないか、と考えました。Ａ４の紙に質問と複数の回答を用意し、チェックボックスで回答できるような書面を作成し、公証人が質問を読み上げ、本人が複数の回答の中から適当と考えられる回答のチェックボックスにチェックを入れる形で問答をすることによって遺言者の意思を確認できるような書面を準備しました。

公証人の確認方法は人それぞれ

　公証人には、事前に遺言者本人が失語症であることや利き手が使えないことは伝えておきました。遺言書作成当日、自宅を訪問した公証人は、公証人の問いかけに対する遺言者の応答や態度を見て十分であると考えたためか、それ以上の質問はなく、遺言書の内容を確認したうえで、公証人が遺言者の署名を代筆し、無事公正証書は作成することができました。私が作成した書面を利用することはなかったものの、依頼内容である公正証書遺言を作成することができたため、よかったと思いました。やはり遺言者の具体的な状況については公証人と密にコミュニケーションをとることが必要であると感じました。

「すまぬ、行けぬ」の公証人

弁護士4年目　男性

公証人って何者なの？

　高齢者案件対応にあたって、弁護士は、依頼者やそのご家族から公正証書遺言の作成依頼を受けることも多いと思います。基本的には、弁護士が公正証書遺言の案文を作成し、公証人とやり取りをし、公証役場で依頼者、代理人弁護士、公証人、証人立会いのもと、公正証書遺言を作成するというのがオーソドックスな対応だと思います。ただ、公証人って何者なのか、ふわっとしか知らない方も多いようなので、少し深掘りしてみましょう。

公証人法って知ってますか？

　日本公証人連合会のホームページによると、公証人は、国の公務である公証作用を担う実質的な公務員であるとされています。ちなみに、公証人は、公証人法に定義されていません。公証人は、裁判官（簡易裁判所判事を除く）、検察官（副検事を除く）又は弁護士の資格を有する者から法務大臣が任命しています（公証人法13条）。すなわち、司法試験に合格した法曹三者は公証人になる資格を有しています。その他多年にわたって法務に携わり上記の法曹三者に準ずる学識経験を有する者も、一定の条件の下、法務大臣が、公証人に任命しています（公証人法13条の2）。

　公証人の職務は、主に以下の4つとされています（公証人法1条）。

1）法律行為その他私権に関する事実につき公正証書を作成すること
2）私署証書に認証を与えること
3）会社や一般社団法人などの定款に認証を与えること
4）公務員が職務上作成した電磁的記録以外の電磁的記録に認証を与えること

　公証人は、法務局又は地方法務局に所属し（公証人法10条1項）、普段は公証役場で働いています（公証人法18条2項）。

「すみません、職務管轄区域外です」と言われた相談者

　法律相談の中で以下のような雑談がありました。相談者は、ある県の公証人に公正証書遺言の作成を頼んでいたのですが、遺言者が急遽、県外の病院に入院してしまったそうです。公証人は、相談者に対して、「県外なので出張ができない」「病院がある住所を管轄としている公証人に嘱託しなければいけない」と言ったそうです。相談者は、その公証人だからよかったのに、なぜ最後までやってくれなかったのだろう、と疑問に感じたそうです。

　私も後で調べてみてわかったのですが、公証人の職務執行の区域は、その所属する法務局又は地方法務局の管轄区域によっているため（公証人法17条）、管轄区域外の場合だと対応ができなくなってしまうそうです。公正証書遺言のように嘱託者たち（上記の事例だと、相談者と遺言者）が公証役場に赴いて公正証書遺言を作成する分には問題はないのですが、上記の事例のように遺言者が県外の病院に入院し、公証役場に赴けないとなると、公証人は管轄区域外での職務ができないために、居所の管轄区域の地方法務局に所属する公証人に嘱託せざるを得ないことになります。

　公証人にはさまざまなバックグラウンドの方がいるため、嘱託者が面識がない公証人に嘱託を変更せざるを得なくなってしまうと手続が難航してしまう懸念はあるのかもしれないなと感じました。

> 体験談3

自筆証書遺言の形式的要件

弁護士6年目　男性

勝手に遺産分割調停？

　「私が亡くなった祖父からもらったはずの現在居住している不動産を、母と叔父が遺産分割調停で叔父が取得することになった。どうすればよいか」という法律相談がありました。
　祖父から相談者に対して、相談者が現在居住している不動産を遺贈するという内容の遺言書があるが、家庭裁判所でその遺言書が無視されて、祖父の法定相続人である相談者の母親と叔父が遺産分割調停を行い、叔父が不動産を取得し、叔父に対して本件不動産を引き渡せという調停が成立してしまったとのことでした。

有効な遺言書？

　祖父の遺言書は、祖父が生前使用していた手帳の最終頁に記載されていました。法律上、自筆証書遺言に使用する紙には何らの制限がないため、手帳の最終頁に書かれていること自体は問題はなかったのですが、通常、文書の頭か最後にあるべき、祖父の署名捺印が、「〇〇区××のA（祖父）㊞名義の不動産はB（相談者）へ」のように、遺言書の文中にあるという問題がありました。

形式的要件は満たす？

　自筆証書遺言の要件については、「遺言者が、その全文、日付及び氏名を自書し、これに印を押さなければならない」（民法968条1項）とだけ定められており、遺言書のどこに自書や印を押さなくてはならない、という規定はありません。

　遺言書は、遺言者の最後の意思を示すものなので、条文に記載のない要件を理由に無効とすべきものではないとも考えられます。

　その一方で、遺言書に捺印の代わりに指印があった遺言書を有効な遺言書と判断した最一小判平成元年2月16日民集43巻2号45頁〔27803222〕では、遺言書に署名捺印を必要とする理由として、「重要な文書については作成者が署名した上その名下に押印することによって文書の作成を完結させるという我が国の慣行ないし法意識に照らして文書の完成を担保することにある」と説明されていました。この判決の署名捺印の趣旨を前提にすると、文中の捺印は文書を完結させる場所にないことから、有効な捺印とは言えないとも考えられました。

訴訟の進行

　本遺言書の検認手続（民法1004条）を行ったところ、叔父は、和解調書に基づいて本不動産の所有権移転登記手続を行いました。そのため、当方から叔父に対して、所有権移転登記の抹消登記手続請求と本遺言書に基づく移転登記手続請求の訴訟を提起しました。

　訴訟の中ではやはり署名捺印の有効性が問題になり、叔父側の弁護士からは、本文中の捺印は、訂正印にすぎないのだから、本遺言書には捺印が存在しない旨の主張を受けました。

　裁判官は、遺言書が有効であるという心証を抱いているように見えましたが、類似事例がない案件でしたので、安心できる状況ではありませんでした。最終的には、相談者と話し合い、本不動産の所有権を確実に

取得するため、判決のリスクを避けて叔父に対して解決金（遺留分侵害分も含む）を少し多めに支払う内容で、本不動産の所有権を相談者に移転する内容の和解を行いました。

最後に

　遺言書の有効性を裁判所が判断する場合、一部だけ認められるということはなく、有効か無効か、全か無かの2択になってしまいます。本件の場合、遺言書が無効であると判断された場合、相談者は自宅を失うことになってしまうため、リスクをとって判決を求めることができませんでした。
　弁護士は、自筆証書遺言の作成について、相談を受ける機会も多いので、依頼者が形式的要件を満たした遺言書を作成することができているか、常に気を配る必要があります。

ワンポイントアドバイス

遺言者以外の関与

　実務上問題となるケースとして、自筆証書遺言を作成する際に遺言者が他人の添え手を受けていた場合や秘密証書遺言を作成する際に他人が代筆した場合など、遺言の作成に遺言者以外の者が関与している事案があります。
　このような場合、当然に遺言の形式的要件を欠くことにはならないとはいえ、形式的要件の判断には影響を与えます。前者の場合だと、「(1)遺言者が証書作成時に自書能力を有し、(2)他人の添え手が、単に始筆若しくは改行にあたり若しくは字の間配りや行間を整えるため遺言者の手

を用紙の正しい位置に導くにとどまるか、又は遺言者の手の動きが遺言者の望みにまかされており、遺言者は添え手をした他人から単に筆記を容易にするための支えを借りただけであり、かつ、(3)添え手が右のような態様のものにとどまること、すなわち添え手をした他人の意思が介入した形跡のないことが、筆跡のうえで判定できる場合」に自署性の要件を満たすことになります（最一小判昭和62年10月8日民集41巻7号1471頁〔27800867〕）。また、最三小判平成14年9月24日裁判集民207号269頁〔28072522〕では、遺言者が公証人及び証人2人以上の前で代筆した者の氏名及び住所を申述する必要があります。

　このように遺言の作成過程が問題となる事案も多いので、遺言書を作成する場合、その過程の記録（証拠）を残しておくことが重要です。

Method 04 | 遺言（意思能力）

▶ **遺言能力が問題となることを想定してつくろう**

――遺言を作成するためには、遺言者に遺言能力が備わっていることが必要である。遺言能力は、形式的要件と異なって画一的な判断が困難な要件であり、裁判例においても遺言能力の詳細な検討が行われている。遺言能力はどのように判断されるのであろうか。

遺言能力

　遺言が有効であるためには、遺言者に遺言能力（意思能力）が存在することが必要です（民法963条）。一般的に、遺言は高齢者になってから作成すること多いので、遺言作成時に遺言者が認知症に罹患している場合も少なくありません。遺言の有効性をめぐる紛争では、遺言者が認知症に罹患していたことを理由に、遺言作成時の遺言能力がなく、遺言が無効であるといった主張がされることがあり、遺言能力の有無がしばしば問題になります。

遺言能力の判断

　それでは、遺言能力は、どのように判断されるのでしょうか。
　この点に関して近時の裁判例では、以下のような判断基準が示されています。
　「遺言能力の有無の判断については、一般的な事理弁識能力があることについての医学的判断を前提にしながら、それとは区別されるところの法的判断として、当該遺言内容について遺言者が理解していたか否かを検討するのが相当であり、主として①遺言時における遺言者の精神上の障害の存否、内容及び程度、②遺言内容それ自体の複雑性、③遺言の動機・理由、遺言者と相続人又は受遺者との人的関係・交際状況、遺言に至る経緯等の諸事情を総合考慮することになる」（広島高判令和2年9月30日判時2496号29頁〔28283323〕）。
　「遺言能力は、遺言者が、その遺言当時、遺言内容を理解し、遺言の結果を弁識し得るに足りる能力であり、その判断は、裁判所が行う法的判断ではあるが、一般に、医学判断を基に、精神上の疾患及び重症度等を特定した上で、その精神状態が常時事理弁識能力を失わせるような疾患及び程度であるか否かなどについて検討するのが相当である」（東京高判令和4年4月5日令和3年（ネ）4873号公刊物未登載〔28313812〕）。
　「遺言時点における遺言能力（意思能力）を欠いていたか否かを検討するに当たっては、①同時点における精神上の障害の有無・程度をまず重視すべきであり、また②遺言内容の複雑さも影響するものであり、さらに、③関連する範囲では、遺言の動機・理由等の事実関係も検討すべきものと解される」（東京地判令和5年3月28日令和2年（ワ）28065号公刊物未登載〔29077900〕）。
　裁判例の示した基準からすると、遺言能力は、①精神上の障害の有無や程度、②遺言の内容、③遺言をする動機、等その他の事情によって判断されることになります。

遺言作成上の注意

遺言者に遺言能力がない場合、遺言は無効になりますので、遺言作成の依頼を受けた場合には、遺言能力が存在するかを事前に確認しておくことが必要です。

遺言能力が存在することを立証する証拠としては、医療機関のカルテ、高齢者施設の記録、長谷川式簡易知能評価スケール（HDS-R）、遺言者の日記、遺言者を撮影した動画等が使われます。これらの証拠が存在する場合には、事前に把握しておくことも重要です。

体験談 1

自筆証書遺言作成時の録音

弁護士 8 年目　男性

コロナ禍における遺言作成の依頼

コロナ禍において、介護施設にいる高齢者の男性（当時 95 歳）のご家族から遺言の作成を依頼されたことがありました。

公正証書遺言についても検討しましたが、コロナ禍のため面会制限があり公証人が施設内に立ち入るためには施設との調整が必要であったこと、そもそも依頼者も公正証書遺言の作成についてまでは積極的でなかったことから、自筆証書遺言を作成することにしました。なお「民事関係手続等における情報通信技術の活用等の推進を図るための関係法律の整備に関する法律」（令和 5 年法律第 53 号）が施行されるとウェブ会議を利用して公正証書遺言を作成することも可能となります。

介護施設内での自筆証書遺言の作成

　介護施設から、面会はロビーで行ってほしい、最少人数にしてもらいたいとの要請があったため、私と家族1人のみがロビーに入って自筆証書遺言の作成を行いました。その際、遺言者が高齢であったこと及び他の相続人との関係が良好ではなかったことから、遺言能力、遺言当時の状態、遺言作成の経緯（遺言者の自発的意思に基づいているか否か等）をめぐって後日紛争になるかもしれない可能性があることを考慮して念のため録音を行いました。

　遺言者の意識ははっきりしていましたが、誤字があり何度か書き直してもらいました（民法968条3項により、訂正箇所の指示、変更した旨の付記と署名、訂正箇所の押印で対応することも考えられますが、訂正箇所をめぐって紛争になるリスクもありますから基本的には訂正はあまりない方がよいかと思います）。民法968条2項により目録を自書しなくてもよくなりましたが（なお目録の毎葉に署名押印は必要です）、やはり高齢者の方が自筆で書かれるのはかなりの負担であると見ていて感じました。

検認手続の実施

　遺言者は数年後に亡くなったため、自筆証書遺言について検認申立を行い、家庭裁判所において他の相続人の立会いのもとに検認手続が行われました。検認手続の際に相続人の1人から筆跡が本人のものと違うのではないかとの指摘がなされました。そのため、今後紛争になっていくのではないかと危惧していたのですが、特に遺言無効確認訴訟が提起されるといった事態にはならず、特に自筆証書遺言の作成の際の録音が役に立つことはありませんでした。

自筆証書遺言作成の際の動画撮影ないし録音の必要性

　高齢者の自筆証書遺言は遺言者が内容をよく理解せずに書いたものではないか等、紛争になるリスクは付きまとうのではないかと思います。特に他の相続人との関係が良好でない場合にはそのリスクは高まります。

　その意味で本件では特に役に立ちませんでしたが、後々の紛争のことを考えて高齢者の自筆証書遺言の作成の際は動画撮影ないし録音をしていた方がよいかと思います。自筆証書遺言の場合は遺言者本人の筆跡ではないとの主張がされることもあり、裁判において当事者双方が筆跡鑑定書を提出して激しい争いになることもあります。

　そういった場合を想定すると録音よりも実際に遺言書を書いているところが写っている動画の方がよいかもしれません。

体験談 2

録画は効果あり？

弁護士 6 年目　男性

遺言書の作成状況の録画

　私が過去に担当した事件で、遺言書を作成する状況を撮影した録画が、遺言の有効性が争われた際に有効性の判断に役に立ったという事案がありました。

　遺言書の作成状況を録画した弁護士は私とは別の弁護士で、私は遺言者が亡くなった後の財産取得することになった長男の代理人という立場で本件に関わりました。

事案の概要

　遺言書を作成したのは夫に先立たれた女性で、法定相続人である長男と長女のうち、長男に全ての財産を譲るという内容の遺言書の作成していました。

　遺言者は、認知能力に問題がない状況ではありましたが、遺言書作成当時、先に亡くなった夫の遺産分割で長女と揉めており、長女側が遺言者の後見申立の準備をしている状況でした。そのため、遺言者が作成した遺言書について、遺言者が亡くなった後に、長女側から有効性を争われることが容易に想定できる状況でした。

録画の内容

　録画を確認すると、その内容は、単に遺言者が静かに遺言書を作成している様子が撮影されているだけのものではありませんでした。遺言者から依頼を受けた弁護士が、遺言者に対して、遺言書の内容をかみ砕いて説明し、遺言者も単に「はい」「いいえ」での回答ではなく、積極的に長男に財産を譲るという明確な発言をしている様子が撮影されていました。遺言者が十分に遺言書の内容を理解していることがわかる内容になっていました。

　加えて、遺言者が長男に対して、全ての財産を譲るという内容の遺言書を作成することになった理由も録画の中で語られており、遺言者が自分の意思でその遺言書を作成していることがわかるように撮影されていました。

　さらに、遺言書を作成する前後のやり取り（「遠いところありがとうございます」「このあたり田舎でしょう」などの会話）も録画されていて、遺言者が、自分の居住環境を理解し、その場にあった日常会話ができる意思能力を有していることがわかるように撮影されていました。

遺言無効確認訴訟

　遺言者が亡くなった後、長女から長男に対して遺言無効確認の訴えが提起され、遺言書作成当時の遺言者の遺言能力が争われました。
　これに対して、私は、認知症検査結果の資料などに加えて、本録画を証拠として提出しました。
　長女側の弁護士は、本録画の内容を見て、遺言者は弁護士の発言を復唱しているだけであり、本録画は遺言者が遺言書作成当時に遺言能力を有していた証拠にはならない、などの反論を行いました。
　しかし、裁判所は、本録画の中で、明確な言葉として、長男に財産を譲りたいと発言をしていたことを理由に遺言書は有効であるという判断を下しました。

最後に

　本件は遺言者の遺言能力が無事認められましたが、相手方の反論状況、裁判所の判決を見るに、遺言書を作成している状況を撮影するのは、良くも悪くも遺言者の状態がはっきりとわかってしまうため、単に遺言者が撮影者の質問に対して迎合的な回答をしている録画や、曖昧な返事をしているような録画を証拠として提出してしまうと、かえってその録画が遺言能力がないという方向に利用されてしまうおそれがあると感じました。
　遺言書の作成状況を録画する場合は、遺言者が明確な言葉として、財産を残したい旨の発言をしている様子を残す必要があると思いました。

> **ワンポイントアドバイス**

遺言能力の立証

　解説でも述べたとおり、遺言能力を立証するには、医療機関のカルテや介護施設の記録、遺言者の日記等があります。

　遺言の有効性をめぐる紛争事案を受任した場合には、これらの証拠から遺言能力を立証できるかについて検討することになります。一方、遺言作成を受任する場合には、後々の紛争を予防する観点から遺言の有効性を立証する証拠を残しておくことが重要です。

　遺言の有効性を立証する証拠の中でも特に、遺言者を撮影した動画を残しておくことは簡易ですし、有力な証拠になり得ますので、積極的に行うべきです。動画の内容としては、遺言の作成過程はもちろん、遺言の内容、動機の話や相続人との日常会話をする遺言者の様子等を記録しておくべきです。

Method 05 公正証書遺言

▶ 公正証書遺言でも安心するな

――公正証書遺言は、他の種類の遺言と比べ、公証人が作成に関与するという特殊性がある。公正証書遺言を作成するにあたって、どのようなことに気を付ければよいのだろうか。

公正証書遺言を作成するには

　公正証書遺言を作成する場合、まず、公証役場に連絡して公正証書遺言の作成を依頼します。その後、担当する公証人が決まるので、担当の公証人と相談のうえ、作成を進めます。

　公正証書遺言の作成に際しては、公証人に対し、どのような財産を有しているか、その財産をどのように承継させたいのか等を記載した書面を提出します。この書面にあわせて、①遺言者本人の印鑑証明書（3か月以内に発行されたもの）、②遺言者と相続人との続柄がわかる戸籍謄本や除籍謄本、③相続財産に関する資料、④証人を自ら用意する場合には証人の情報（氏名、住所、生年月日及び職業）を記載したメモ、⑤相続人以外への遺贈がある場合には受贈者の住民票や登記事項証明書等の必要書類を提出します。必要書類は事案によって異なりますので、担当公証人に確認して提出します。なお、公正証書遺言の作成に立ち会う証人は、遺言者自ら用意することもできますし、公証人に依頼して用意し

てもらうこともできます。

　公証人に上記書類を提出すると、公証人が公正証書遺言の案文を作成します。その案文をもとに、公証人と相談しながら修正を加え、最終的な公正証書遺言の案文を確定させます。

　公正証書遺言の案文が確定した後、作成場所やスケジュールを調整し、公正証書遺言を作成します。

　作成場所については、公証役場か自宅や病院等の出張先が挙げられます。出張先を選択する場合には、出張先が担当公証人の管轄区域内（同一都道府県内）である必要がありますので注意が必要です。

公正証書遺言を作成するための手続

　公正証書遺言の形式的要件は、①証人２人以上　の立会いがあること、②遺言者が遺言の趣旨を公証人に口授すること、③公証人が遺言者の口述を筆記し、これを遺言者及び証人に読み聞かせる又は閲覧させること、④遺言者及び証人が、筆記が正確であることを承認した後、各自これに署名し、押印すること（遺言者が署名することができない場合においては、公証人がその事由を付記して、署名に代えることも可）、⑤公証人がこれらの方式に従って証書を作成したものである旨付記して、証書に署名し、押印することです（民法969条各号）。

　そのため、公正証書遺言の作成当日は、上記手続を行います。まず、遺言者が証人２人の面前で、公証人に作成した公正証書遺言の案文に基づいて遺言の内容を口授します。そして、公証人は、その内容が判断能力を有する遺言者の真意によるものであることを確認します。その後、確定した案文を遺言者と証人に読み聞かせ又は閲覧させ、遺言の内容に間違いがないかを確認させます。遺言の内容に間違いがなければ、遺言者及び証人２人が、遺言公正証書の原本に署名、押印します。最後に、公証人が遺言公正証書の原本に署名、押印することによって、遺言公正証書が完成します。

体験談1

公正証書遺言が1通とは限らない

弁護士4年目　男性

推定相続人の1人に相続させる旨の遺言

　弁護士2年目の頃です。弊所のボスが知り合いの弁護士から公正証書遺言で遺言執行者に指定したいため、協力をしてほしいとの話を受けました。早速、ボスと私は、依頼者と推定相続人の1人であるAさんと面談を行うこととしました。依頼者は、Aさんのお父様です。依頼者の意思は、Aさんに全財産を相続させる旨の公正証書遺言を作成したいというもので、よくある公正証書遺言のご依頼だなと思いました。依頼者のお話をうかがっていたところ、実は、少し前にも公正証書遺言を作成していたということでした。そのため、依頼者は、正確には過去の公正証書遺言の内容を修正したいというご希望だったのです。ボスと私は、過去の公正証書遺言の内容を拝見しました。

家族思いのお父様？

　依頼者には推定相続人が複数いました。過去の公正証書遺言には、推定相続人の一人ひとりの事情に合わせた細やかな財産の分け方が記載されていました。公正証書遺言には、付言事項が記載されており、概要、一人ひとりの事情に合わせて財産を分けているので争いなく、家族みんなで仲良くしてほしいとの記載がありました。
　遺言の内容は、大きく遺言事項と付言事項に分けられます。遺言事項は、例えば遺贈などの法的な効力を生じさせる事項です。付言事項は、

遺言事項と異なり、何か法的な拘束力を与えるものではありません。ただし、遺言者の生前の意思、生前の経緯などが記載されることが多く、遺言者が亡くなった後に相続人等で紛争が生じた場合の解決の指標になるといえます。

依頼者の過去の公正証書遺言は、依頼者が家族思いであることがよくわかるなあ、との感想を抱く内容でした。

過去の公正証書遺言の裏事情

では、なぜ依頼者はAさんに全財産を相続させる旨の公正証書遺言をあらためて作成することになったのでしょうか。その事情は、あらためて作成することになった公正証書遺言の案文の付言事項に記載されていました。

そこには、Aさん以外の推定相続人たちが、依頼者を自宅から追い出したり、依頼者の財産を無心したりして、依頼者に対して酷い扱いをしてきたという経緯が記載されていたのです。また、過去の公正証書遺言もAさん以外の推定相続人たちの強い圧力によって作成したものであり、依頼者は、表面上は推定相続人みんなが仲良くしてほしいと取り繕わざるを得なかった旨の記載もありました。

Aさん以外の推定相続人たちは、過去の公正証書遺言でしっかりと依頼者の財産を確保したものと思っているかもしれません。しかし、後からあらためて作成された公正証書遺言が出てくることになり、しかも依頼者の意思や経緯までしっかり書かれているものが出てくることになります。安堵は焦燥に変わってしまうかもしれません。

感情的な付言事項の意味

実際のところ、遺言における感情的な付言事項は、遺言者の死後、紛

争を生じさせかねません。遺言する目的が、紛争を予防する目的であれば、弁護士の立場からは推奨はできないでしょう。ただし、本件のように、遺言者はさまざまな立場に置かれていることが多く、紛争が生じるのが前提であれば、解決の指標を与えるという意味で感情的な付言事項も意味をもつことがあるといえるのではないでしょうか。

　公正証書遺言だから1通だとは思い込まず、依頼を受ける際には、しっかりと公正証書遺言の有無（通数や先後関係まで）を調べておく必要があるでしょう。

> 体験談 2

遺留分侵害額請求と時効

弁護士11年目　男性

親が死亡していたことを知らなかった？

　本件は、知り合いの司法書士からの相談でした。「相続に関するご相談をいただいていた依頼者に、ご自身の戸籍を取り寄せるようにお話しし、取り寄せてもらったところ、8年前に母親が死亡していることがわかったという連絡をもらった。おそらく司法書士の業務範囲を超えることから、その方の話を聞いてもらえないか？」ということでした。

　依頼者から事情をおうかがいすると、以下の話がありました。
　「私は長女で、弟がおり、姉弟2人。父はすでに他界しているため、今回死亡した母親の相続人は、私と弟の2人である。私は、約15年ほど前に家族の後継のことで、家族と言い争いや喧嘩となり、両親からウチの敷居をまたがせない、と絶縁を宣言されてから、一切家族・親族と連絡をとらなかった。そのため、8年前に母親が死亡したことを弟が連

絡してくることもなく、私は母親が死亡したことを知らなかった。今回、司法書士さんから戸籍をとるように言われ、戸籍を確認したことではじめて知って、とても動揺している。12年前に死亡した父親の相続の話は私にも来たが、その際、母親は多額の預金と不動産を相続した。それなのに、母親が死亡した時に一切の連絡がなかったのはなぜなのか？」

公正証書遺言書の検索

　以上の相談を受け、まずは、公正証書遺言書の検索を行うことになりました。なぜなら、被相続人である母親の死亡当時、相続財産が存在したのであれば、遺産分割協議のために、弟から依頼者に連絡が入るであろうし、自筆証書遺言書を作成していたとしても、検認（民法1004条）を行うため、裁判所から依頼者に対し検認手続の通知が来るはずであろうから、母親は公正証書遺言を作成していた可能性が高いと考えられたからです。

　公正証書遺言書は原本・正本・謄本の3通作成され、原本は公証役場に保管されます。平成以降の遺言書は、遺言者の死亡後であれば、全国どこでも公正証書遺言書が存在するか否かを検索することができます（遺言者本人であれば死亡前でも遺言検索をすることができます）。閲覧や謄本の請求は作成した公証役場に行う必要があります。必要書類は①遺言者の死亡が記載されている除籍謄本、②申請人（相続人）と遺言者との間柄が確認できる戸籍謄本、③申請人（相続人）からの委任状（実印押印）、⑤申請人（相続人）の印鑑証明書、⑥代理人の職印と印鑑証明書、の6つでした。

　公正証書遺言書の検索を行ったところ、やはり母親が作成した遺言書が見つかりました。謄本の請求をしたうえで、内容を確認したところ「遺言者の有する一切の財産を長男に相続させる」という内容の遺言書でした。

遺留分侵害額請求

　公正証書遺言書検索の結果を依頼者に報告をしたところ、弟から遺留分を取り戻したい、という意向をもたれていたことから、弟に対し、遺留分侵害額請求（当時は遺留分減殺請求）を求め、調停を申立てることになりました。
　遺留分侵害額請求について民法は、「遺留分権利者が、相続の開始及び遺留分を侵害する贈与又は遺贈があったことを知った時から１年間行使しないときは、時効によって消滅する。相続開始の時から10年を経過したときも、同様とする」（民法1048条）と規定しています。本件は、相続開始からすでに８年経過しており、それほど時間があるとはいえませんでした。
　また、裁判所のホームページには以下の記載があります。
　「遺留分侵害額の請求は、遺留分に関する権利を行使する旨の意思表示を相手方にする必要がありますが、家庭裁判所の調停を申し立てただけでは相手方に対する意思表示とはなりませんので、調停の申立てとは別に内容証明郵便等により意思表示を行う必要があります。」（https://www.courts.go.jp/saiban/syurui_kazi/lkazi_07_26/index.html）。

調停の申立て

　そのため、早急に、相手方である弟に対し、遺留分侵害額を請求する内容の内容証明を送付したうえで、調停の申立てを行いました。相手方も弁護士を選任したことから、調停上での交渉はスムーズに進みました。不動産の価値について、固定資産評価額を基礎として算定するのか、路線価を基礎として算定するのか、時価を基礎として算定するのか、という協議が行われたものの数か月で調停はまとまりました。調停成立時に、相手方が1,000万円弱の現金を解決金として裁判所に持参し、紙幣計数機を使用して枚数を数えて、席上交付を受けたことが印象的でした（裁

判所から出て持ち運ぶのが怖かった）。

> 体験談 3

公正証書遺言に必要な遺言能力

弁護士 5 年目　男性

公正証書遺言に必要な遺言能力

　顧問先からの紹介で母親の相続対策のため事前に公正証書遺言を作成したいという相談を受けました。詳しくお話を聞くと、相続人は依頼者とその兄弟の 2 人であり、母親の面倒は基本的に依頼者がみていたことから、母親自身から依頼者に全財産を相続させたい旨述べられているとのことでした。もっとも、母親は認知症ではないものの、意思能力が年々低下しており、意思がはっきりしているうちに公正証書遺言を作成しておきたいとのことでした。

遺言能力

　民法は、遺言能力（遺言の内容及びその結果生ずる法律効果を理解判断することのできる能力）について、遺言能力年齢を通常の行為能力年齢より低くて足りるものとし、行為能力に関する規程の適用を排除し（民法 962 条）、満 15 歳に達すれば、遺言をすることができるとしています（民法 961 条）。そして、遺言者は、遺言をする時においてその能力を有しなければならない（民法 963 条）とされています。本件では、基本的に依頼者を窓口としてやり取りを行っており、また依頼者が急い

でいたこともあり、母親の遺言能力があるか事前確認ができなかったため、公正証書遺言作成時に公証人による遺言能力の判断がどうなるか見通しが難しい案件でした。

公正証書遺言の作成

　公正証書遺言作成当日、公証人の待ち合わせ時間前に依頼者及び母親と直接、話をしたところ、母親は、こちらの話に反応し頷きはするものの、自身のしたい話を繰り返すばかりであり、遺言の内容について本当に理解しているのか判断がつかない状況でした。
　結論としては、公正証書遺言の作成は無事完了しました。公証人の判断基準は明確ではありませんが、遺言の内容について読み上げ、それに対して頷いていること、理解しているかは不明であるものの公証人による遺言内容の確認に対して一定の回答をしていることから遺言能力があると判断されたようです。

最後に

　依頼者の目的が達成されて安心はしたものの、仮に公正証書遺言の有効性について訴訟になった場合、遺言自体が覆される可能性もあることから依頼者にはそのリスクを説明しました。
　公正証書遺言作成時の遺言能力の判断は、公証人それぞれの判断によるため、明確な基準があるというわけではありません。公正証書遺言の作成により遺言能力について一定の担保はあるものの、弁護士としては依頼者へのリスク説明等慎重な対応が必要です。

> ワンポイントアドバイス

公正証書遺言の検索

　日本公証人連合会は、全国の公証役場で作成した公正証書遺言の情報を遺言情報管理システムによって管理しています。そのため、全国どの公証役場でも、公正証書遺言の有無及び保管先の公証役場を無料で検索することができます。

　この遺言検索を申し出ることができるのは、相続人等の利害関係人のみ（遺言者の死亡前は遺言者本人のみ）です。検索の申し出に必要な書類は、①遺言者が死亡した事実を証明する書類、②遺言者の相続人であることを証明する戸籍謄本、③申出人の本人確認書類の３つです。閲覧や謄本の請求に必要な書類は、体験談２をご参照ください。

　遺言検索の申し出にあたり注意すべきことは、平成元年以降に作成された公正証書遺言しか検索できないということです。平成元年より前に作成された公正証書遺言を探す場合には、作成時期をある程度特定したうえで、作成したと思われる公証役場に直接連絡して探してもらうことになります。

Method 06 | 成年後見(申立前)

▶ **誰が申し立てることが
できるの?**

── 自分自身で財産を管理することに不安を感じるような状況にある場合であっても、成年後見開始の審判の申立てが一筋縄では行かないケースがある。成年後見制度の谷間について知っておくことも重要である。

成年後見制度について

　成年後見制度は、本人の意思や自己決定権の尊重を理念とし、精神上の障害により判断能力が欠ける成年者を保護するための制度です。

　申立人となることができる者(民法7条、任意後見契約に関する法律10条2項、老人福祉法32条、知的障害者福祉法28条、精神保健及び精神障害者福祉に関する法律51条の11の2)により後見開始の審判の申立てがなされると、家庭裁判所が後見等の開始の審判を行い(民法7条)、後見が開始します(民法838条2号)。また、後見開始の審判と同時に、家庭裁判所は、最も適任と考える者を成年後見人として選任します(民法843条1項)。

　これにより、成年後見人には、身上保護や財産管理に関する代理権・取消権といった広範な権限が付され、被後見人に代わってその生活・療

養看護及び財産の管理に関する事務を行うこととなります（民法858条、859条）。

成年後見制度利用の必要性

　本人の判断能力が欠けている場合であっても、法定後見制度の利用が最適であるとは限りません。

　成年後見が開始すると、原則として被後見人が亡くなることにより成年後見が終了するまで、後見人や後見監督人の報酬を支払い続ける必要があり、被後見人の財産がその金額分だけ目減りしてしまいます。また、後見人の職務は、あくまで被後見人の生活をサポートすることであり、被後見人の相続人に財産を多く残すことではないため、元本が保証されていない投資や、子、孫やお世話になった人への生前贈与は認められない場合があります。そのため、本人が相続人等により多くの財産を残したいと考えているような場合には、法定後見制度の利用が必ずしも最適とはいえません。

　判断能力が不十分となってしまった本人が特別養護老人ホームに入居済みであり、入居費用も口座引き落としの方法によりスムーズに進んでいる場合や、同居の親族が身上保護や財産管理を担っていて、本人が受け取っている年金等の収入の管理もうまくできているような場合には、成年後見制度を利用することのメリットは少ないといえるでしょう。

　反対に、介護施設への入所契約について親族の協力が得られない場合、サポートを頼めそうな親族はいるものの、できるだけ負担をかけたくないと考えている場合、債権回収や自己破産等の法的課題があるといった場合には、積極的に成年後見の申立てを検討するべきであるといえます。

本人の利益にかなう制度選択

　成年後見制度は、判断能力が不十分な場合に利用できる制度です。体力の低下により公共料金等の支払いに行くことができないことが増え、今後の生活に不安が生じたといったような場合であっても、判断能力が低下していなければ、法定の成年後見制度の対象ではありません。この場合には、将来に備えて任意後見制度の説明をしたり、財産管理契約を締結することなどが考えられます。

　また、後見人が付けば身の回りの世話を含めて全てを任せられると認識している方もいますが、後見人は介護や家事などの事実行為を代理するものではないため、介助や病院への付き添いといった直接の世話まではできないことをしっかりと伝える必要があります。相談者が、介護や日常的な家事のサポートを望んでいるのであれば、介護保険サービスや障害福祉サービスの利用を検討すべきです。任意後見制度を用い、あわせて見守り契約や財産管理契約を締結することも効果的かもしれません。

　もし、本人や相談者の悩みが、主にお墓のことや死後の財産の行方に関するものであった場合には、遺言書の作成や死後事務委任契約を検討することになります。

　他に、本人以外の関係者から相談を受ける際には、相続の前哨戦のようなケースなど、相談者が希望する制度の利用が、本人の利益と必ずしも一致しない場合があることには注意が必要です。この場合には、成年後見制度は本人の意思を尊重するための制度であり、後見人は、本人の利益のためにのみ法律行為の代理等を行うことを、相談者に対してよく説明する必要があります。

　このように、後見等の相談を受けるにあたっては、本人の置かれている状況や希望をよく把握したうえで、成年後見制度の利用が本人の利益にかなうことなのかを意識して対応することが必要です。

家族観と申立権者

弁護士4年目　男性

増加する後見関係事件、さまざまな家族観やパートナーとの在り方

　高齢化社会に伴い、成年後見制度の利用は増加しています。最高裁判所事務総局家庭局「成年後見関係事件の概況―令和5年1月～12月―」（以下、「令和5年の概況」といいます）における成年後見関係事件（成年後見、保佐、補助を含む事件です）の申立件数は、全国で40,951件であり、平成12年からの統計上、過去最高件数となっています。

　このような情勢にもかかわらず、日本自体は核家族化が進んでおり、親戚とのつきあいもやや希薄化している印象があります。それだけでなく、パートナーとの関係性も、婚姻制度のみならず、事実婚（内縁）などもあり、さまざまな在り方が増えてます。さまざまな在り方が公表される世の中に変わってきたというのが正確かもしれません。

　ただし、成年後見の申立権者は法定されているものであり、さまざまな在り方を即応して反映させることはどうしても困難です。

内縁のパートナーの遺志

　私が相談を受けたケースは、相談者Aさんの内縁のパートナーBさんが亡くなり、パートナーの親Cさんが唯一の相続人となったというものでした。Aさんは、Cさんとも長年にわたって交流しており、Cさんの認知症が進行してからもBさんとともに療養看護にあたっていま

した。その最中、Bさんは、突然病に倒れてしまい、帰らぬ人となってしまいました。Bさんは、Cさんのことが大好きで、寂しくさせたくないという思いがあり、Cさん筆頭の戸籍に入り続けることを強く望んでおり、Aさんもこれを了承していました。そのため、内縁という形をとったのです。Bさんの最期の遺志は、Cさんの身上を監護してあげてほしい、財産を適切に管理してあげてほしいというものでした。

ただ、Aさんは、法的に見るとBさんともCさんとも親族関係がありません。そのため、Aさんは、Bさんの相続手続もCさんの財産管理も適法に行う術がない状態でした。

成年後見開始の審判の申立権者

成年後見開始の審判の申立権者は、民法上では、本人、配偶者、四親等内の親族、未成年後見人、未成年後見監督人、保佐人、保佐監督人、補助人、補助監督人又は検察官とされています（民法7条）。いきなり成年後見開始の審判を申し立てるとなると、実質的には配偶者及び四親等内の親族くらいしか申立権はないといえます。ちなみに、検察官からの申立ては、令和5年の概況によると0件でした。四親等内の親族を探し出そうにも、親戚つきあいが薄いとなかなかたどり着くことは難しいですし、協力が得られるかもわかりません。

申立権者は、民法ではない別の法律にも規定されています。それが老人福祉法32条です。同条は、市町村長は、65歳以上の者につき、その福祉を図るため特に必要があると認めるときは、成年後見等開始の審判の請求をすることができる旨が規定されています。実際のところ、令和5年の概況によれば、申立件数の約23.6％は市区町村長によるものとされています。

ただし、上記のような事例で、市町村長が審判請求をしてくれるとは限らず、また、市町村長には審判請求の義務があったり、強制的に職権発動させる制度も存しないのが現状です。逆にこのような制度が設けら

れてしまうと、成年被後見人（予定者）のノーマライゼーションを奪う方向性に進みかねないことになります。

現状の法制度で弁護士は何ができるのか

　Aさんの事案については、四親等内の親族が何とか見つかり、事なきを得ました。

　ただし、上記のようにさまざまな家族観やパートナーとの在り方が公表されることに伴い、制度の欠陥や限界にあたってしまうこともあると思われます。弁護士は何ができるのかという問われると非常に難しいのですが、やはりどのような制度があるのか、それは「現状では」誰が利用することができるのかという知識を蓄えておくだけでも、相談者に寄り添っていくためには重要になるのではないでしょうか。

ワンポイントアドバイス

成年後見申立にかかる費用

　後見等開始の審判申立には、①申立手数料（収入印紙800円分）・予納郵便切手（各家庭裁判所で定める額）、②後見登記手数料（収入印紙2,600円分）、③家庭裁判所が鑑定の必要性を認めた場合の鑑定費用（10万円～20万円程度）、④医師の診断書の作成費用（病院ごとに定める額）、⑤専門家（司法書士・弁護士等）に申立手続を依頼した際の報酬等が必要です。

　これらの費用は、原則として本人（被後見人となる者）ではなく申立人が負担することとなり（家事事件手続法28条1項）、弁護士費用（上記⑤）等を含めて、本人の財産から支出することはできません。

ただし、家庭裁判所は事情により、手続費用の全部又は一部を、費用を負担すべき者以外に負担させることができるものとされています（家事事件手続法 28 条 2 項）。手続費用を本人の財産から支出してもらうことを希望する場合、申立人は、後見開始の審判を申し立てる際、その旨記載した上申書を提出します。本人の財産にて手続費用を負担することが認められた場合、申立人は、後見開始の審判が確定した後に、後見人に対し、本人の財産から手続費用を償還してもらうよう求めることとなります。

　なお、申立人に上記費用を用意するだけの経済的余裕がない場合、一定の要件を満たせば、成年後見制度利用支援事業を利用して自治体からの助成を受けることや、民事法律扶助を利用して手続費用や弁護士費用等を立替えてもらうことができる場合があります。

Method 07 | 成年後見（申立判断）

▶ **後見人によって流れが変わる！
選定は慎重に……**

――誰が後見人に就任するかは、被後見人のみならず、被後見人やその親族から相談を受けた弁護士にとっても重要な関心事である。成年後見開始の審判の申立時に、先を読む力がカギとなったケースを紹介する。

後見人の資格等

　後見人の資格や人数には特に制限がなく、家庭裁判所は、欠格事由（民法847条）がない限り、弁護士や司法書士などの専門職以外にも、本人の親族を後見人として選任することができます。また、法人を選任することや、複数人を選任したうえで権限を分掌させることも可能です。

　最高裁判所事務総局家庭局「成年後見関係事件の概況―令和5年1月～12月―」によれば、成年後見人等（成年後見人、保佐人及び補助人）に被後見人の親族が選任されたケースは全体の約18.1%であり、親族以外の第三者（弁護士、司法書士、社会福祉士（それぞれ法人を含む）等）が選任されたケースは約81.9%であったとのことです。

後見人候補者

　後見開始の審判を申し立てる際、申立書には、後見人候補者の氏名等を記載することができます。この場合には、候補者の適格性判断の資料として、候補者自身の生活状況や経歴等を記載する成年後見人等候補者事情説明書の提出が必要です。
　後見人候補者の記載がない場合は、家庭裁判所が、個々の事情に応じて、弁護士や司法書士等の専門職から適切な後見人を選任します。
　成年後見は、できる限り本人の意思を尊重するための制度ですので、後見人は、後見事務を遂行するうえで、本人や本人の嗜好や考え方をよく理解している親族等の関係者と信頼関係を築くことが必要となります。そのため、従前から本人と関わりのあった親族や、事前相談や本人との面談を重ねた専門職を後見人候補者として指定すると、成年後見開始後の後見事務もスムーズになると思われます。

後見人の選任は家庭裁判所の専権

　家庭裁判所は、成年後見人を選任するにあたり、成年被後見人の心身の状態並びに生活及び財産状況、成年後見人となる者の職業及び経歴並びに成年被後見人との利害関係の有無、成年被後見人の意見その他一切の事情を考慮して（民法843条4項）、本人の身上保護及び財産管理にとって最もふさわしいと考える者を後見人に選任します。そのため、申立人が後見人候補者として本人の親族を指定したとしても、家庭裁判所はこれに拘束されず、家庭裁判所が適任と考える専門職後見人が選任されることもあります。
　また、本人の財産が高額である場合などには、本人の財産の使い込み等の不祥事事案に鑑み、後見人候補者をそのまま選任したうえ、後見監督人を選任するときがあります。この場合、後見監督人に対する報酬等の費用が追加で発生することとなります。事務処理に関しても、後見監

督人からの求めがあれば、後見監督人に対して後見事務の報告や財産目録の提出をする必要が生じ（民法863条1項）、不動産の売却等、民法13条1項（同項1号の元本の領収を除く）に掲げる行為をするためには、その都度、後見監督人の同意を得ることが必要となります（民法864条）。

　したがって、特に本人の親族等を後見人候補者として記載する場合には、任意後見とは異なり候補者がそのまま選任されない可能性があることや、候補者が選任されたとしても、同時に後見監督人が選任され、それに伴う支出と事務処理の増加が生じる可能性があることを説明しておく必要があります。

後見制度支援信託制度

　親族後見人が選任される事例において、後見監督人の選任以外に、後見制度支援信託が利用される場合もあります。

　後見制度支援信託は、本人の財産のうち、日常的な支払いをするのに必要十分な金銭を親族後見人の管理下に残し、通常使用しない金銭を信託銀行等に信託するという仕組みです。後見人の不正を予防して本人の財産保護を図る趣旨で、一定の財産をロックしておくものであり、後見人であっても、信託した金銭については、家庭裁判所が発行する指示書がなければ払い戻しをすることはできません。

　後見制度支援信託を利用する場合、原則として専門職後見人が選任され、後見人の管理下に残す財産の額等を検討し、信託条件を整えたうえで、信託契約を締結します。信託契約を締結した後は、専門職後見人は家庭裁判所の許可を得て辞任することとなります。

　後見人の選任方法については、専門職後見人と親族後見人が同時にされ、信託契約の締結後に専門職後見人が辞任し、親族後見人が単独で後見事務を引き継ぐ形式と、専門職後見人を単独で選任し、信託契約の締結がされた後、専門職後見人の辞任及び親族後見人の選任を同時に行う

形式があります。

　親族後見人は、手元で管理している被後見人の財産で日常的な財産管理を行い、金額が不足する場合には、その都度、必要となる金額やその根拠等を家庭裁判所に報告します。そして、家庭裁判所が問題ないと判断した場合に限り、指示書の交付を受け、信託銀行等から必要な金額だけ払い戻しを受けることとなります。

　なお、専門職後見人が信託契約を締結した後でも、家庭裁判所は、親族後見人の事務遂行を支援ないし指導するため、専門職後見人に対して引き続き後見人としての関与を求めたり、後見人の辞任許可とあわせて、後見監督人として選任する場合があります（松原正明・浦木厚利編『実務成年後見法［勁草法律実務シリーズ］』（勁草書房、2020年）389頁）。

体験談1

誰を後見人候補者にすべきか！？

弁護士8年目　男性

後見申立に至る経緯はいろいろ

　私が勤務する事務所では、成年後見の申立てを行う件数は事務所の規模から考えると多い方だと思います（年間15件前後）。依頼者が家族に成年後見人を付けたいと相談に来られる場合もありますが、そのような相談はわりと少なく、多くは事件対応の関係上、特定の方に成年後見人を付けざるを得ない場合がほとんどです。遺産分割協議を行ううえで、交通事故の損害賠償請求のために、会社の株式の整理、会社の経営権の争い等々いろいろな場面で、弁護士として特定の当事者に後見人を付けるべきか判断を求められるケースがあります。

後見人候補者を誰にする？

　いざ、成年後見人の選任申立を行おうとする段階で必ず悩むのが、誰を成年後見人候補者として申立書に記載するかです。
　弁護士として一番楽なのは、候補者は立てずに、裁判所に一任して、専門職後見人を選任してもらうことですが、これは必ずしも依頼者や事理弁識能力を欠く方（成年被後見人となる予定の方）にとって有意義な結果になるとは限りません。
　家族間で争いがない場合には、成年被後見人予定者の身の回りの世話をいつもされていた方がそのまま成年後見人に選任されたほうが、これまでどおりの身上監護や財産管理を行うことができ後見人・被後見人双方にとって安定した生活が送れることが多いかと思われます。家族間で争いがある場合は、家族内から特定の方を後見人候補者として申し立てることは困難ですが（特定の家族を候補者として申し立ててもほぼ選任されない）、依頼を受けた弁護士が専門職後見人として候補者になればよいのかというと、そう単純な話でもありません。事案によっては、弁護士が成年後見人に就任することで、利益相反関係が生じてしまい、相談を受けていた案件にそもそも主体的に関与できなくなってしまう場合もあり得ます。
　成年後見人選任申立においては、いつも、誰を後見人候補者として申立てを行うか悩まされます。

後見人候補者の選択は詰将棋！？

　後見人候補者を誰にするかは、依頼者の意向や被後見人予定者の家族関係、対応している事案の内容、今後の進行・展開などいろいろな事情・状況を把握して、2手3手先を読みながら、選択しなければならず、何より被後見人にとっての福祉にかなうものでなければいけません。弁護士にとってはとても気を遣うと同時に、頭も使う判断になることが多

いです。例えば、財産が多ければ、事前にある程度の財産を信託にしておくべきか、又は信託の部分だけスポットで専門職の後見監督人を選任してもらい信託手続が終わった後は、後見監督人を外して家族のみが後見人として活動できる状況を作り出す（裁判所との協議が必要であり、申立代理人として対応することになる）など、いろいろな状況に応じて選択・対応が迫られます。

　成年後見人選任申立事件は、単体で考えれば簡易な事件かもしれませんが、その後に発生するであろう事象全体を俯瞰して対応すると弁護士の力量が試され、有意義な経験を積める事案なのだと思います。

体験談2

交通事故と成年後見人申立

弁護士6年目　男性

交通事故のご相談

　弁護士2年目の時に、知人からの紹介で交通事故の相談を受けました。相談者の母親が1か月ほど前に交通事故に遭い現在も入院しているとのことでした。母親は当時意識が戻っていない状況でしたが、相談者は相手方損保会社や病院等の対応でわからないことが多く、仕事も忙しいため弁護士にお願いして対応してもらいたいとの意向でした。母親とは損害賠償請求事件の依頼の意思確認がとれないため、まずは、ご家族の代理人として保険会社や病院とのやり取りの対応で受任をしました。ゆくゆくは、母親と意思疎通ができるようになれば損害賠償請求の依頼を正式受任する予定であり、万が一意思疎通ができないとなった場合には、症状固定後の後遺障害の診断を受けて後見人の選任を経て損害賠償の請

求にあたろうかと考えていました。

成年後見人選任申立をしたところ……

　その後、母親は意識を取り戻しはしたが、脳へのダメージが大きく、高次脳機能障害となってしまい、介護を要する後遺障害1級となりました。そのため、母親の成年後見人選任の申立てを行いました。相談者や他の家族の方は母親と離れて暮らしているため成年後見人になることを躊躇しました。当時、私はあまり深く考えていなかったため、後見人候補者の指定をせず、裁判所に専門職後見人を選任してもらう形で申立てを行いました。

　無事に成年後見人が選任され、さぁ、いよいよ損害賠償請求に取り掛かろうかと思い、後見人に選任された弁護士（他県の弁護士会所属）に連絡をとったところ、「損害賠償請求はこちらでやりますので、先生は大丈夫ですよ！！！」との回答！僕の頭は真っ白になったのは言うまでもありません！（泣）

　成年後見人に権限があるから、こちらは何も言うことができない。弁護士2年目の私にとってはとてつもなく大きな案件だったのになと、よく考えずに後見申立を行ってしまったことを悔やみました。

あれから3年

　また、私の所に上記と同じような案件が入ってきました。今回は、前回の経験、家族全員の意向も踏まえ、特定の家族の方を後見人候補者として指定して申立てを行いました。案の定、裁判所からは賠償額も高額になるし、資産ももともと結構な額があるので、専門職後見人ないし専門職を後見監督人にした方がよいのではないかとの意見が出ました。こちらでは、専門職の後見人は望んでいませんでしたし、ずっと後見監督

人が付いていることも手続的に煩雑であったため、家庭裁判所と協議をして、後見信託手続部分に後見監督人を入れるという形で、家族の方が成年後見人に選任される後見開始審判を受けました。私は成年後見人から依頼を受け、無事損害賠償請求事件を解決しました。めでたしめでたしです。

> **ワンポイントアドバイス**

後見人報酬の助成について

　後見人の報酬は、後見人自らの判断で管理している被後見人の財産から受け取ることができるものではありません。必ず、家庭裁判所から報酬付与の審判を受ける必要があります。

　ただし、報酬付与の審判を受けられたとしても、被後見人の年金額や預貯金額によっては、被後見人の財産から報酬全額を受け取ることができないケースもあります。その場合に後見人報酬を得る手段として、各自治体による助成制度（成年後見制度利用支援事業）を活用することが考えられます。

　助成制度は、市区町村によって利用できる要件が異なりますので、被後見人の住民票がある市区町村の助成要件を確認する必要があります。具体的な要件としては、被後見人が生活保護法による保護を受けていることや、住民税が非課税であり、かつ、被後見人名義の預貯金等の残高が50万円以下であること等が要件となっている場合が多いです。

　なお、助成金の額は、報酬付与の審判の内容にかかわらず、月当たり2万円程度の上限がある場合が多いことや、助成金の申請には、報酬付与の審判が確定した日から3か月以内等の期間制限が設けられている場合が多いことについても注意が必要です。

　被後見人の財産から後見人報酬を受け取ることができない場合、精一

杯職務に取り組んだにもかかわらず1円も報酬を得られなかったという事態を避けるためには、助成制度を利用するほかありません。しかし、被後見人の年金額が多く住民税課税世帯ではあるものの、家賃や介護費が高いといった理由で預貯金額が少ない場合などは、被後見人の財産から報酬を得ることもできず、助成の要件も満たさない谷間状態となり、この点は、今後の課題として残されているものと思われます。

Method 08 | 任意後見

▶ **本人の意思確認が重要**

——任意後見契約は、本人の判断能力が十分な段階で自らの将来について決定するものであり、自己実現に資する仕組みである。ただし、利用にあたっては、目の前の依頼者が本当にやりたいことは何か、よく見極める必要がある。

成年後見制度と任意後見制度

　法定後見制度は、本人の判断能力が不十分な状態にあるときに、事後的に家庭裁判所に対して本人の代理人を選任してもらう制度であるのに対し、任意後見は、本人の判断能力がしっかりしている間に契約を締結したうえで、判断能力が低下してきたときに家庭裁判所に対して後見監督人選任の審判申立を行い、後見監督人が選任されることにより開始されます。

　そのため、任意後見を利用する場合には、法定後見とは異なり、本人が信頼する人を後見人として選任することができます。

　また、任意後見契約における委任の内容についても、介護や病院への付き添いなどの事実行為、医療行為についての同意や身元保証等を除いては自由に決定でき、具体的な金額や方法を定めておけば、法定後見の場合には行うことができない不動産の賃貸や子・孫に対する定期的な送

金についても委任することが可能です。

このように、任意後見制度の利用にあたっては、本人の自己決定権を尊重することが極めて重要であるといえます。

また、本人の自己決定権を尊重するためには、本人の意向に沿った任意後見契約を構築すること以外にも、以下のような契約を組み合わせることが考えられます。

見守り契約

任意後見契約が発効するまでの間、判断能力が低下していないか確認し、後見監督人の選任を申し立てるべきタイミングを見極めるため、見守り契約を締結することが考えられます。具体的には、本人と定期的に面談や電話をすることで、本人の安否や心身の状態を把握できるような内容の契約を締結します。

特に、弁護士や司法書士など、親族以外の第三者が任意後見人となる場合には、実際に任意後見契約が発効するまでに、委任者本人と信頼関係を築くための期間を確保することができ、本人から信頼して財産管理を任せてもらうためには重要な契約です。

見守り契約は、任意後見契約と同時に公正証書にしておくこともできますし、本人の意向の変化に対応できるよう、任意後見契約とは別に、公正証書にしない形で契約書を作成することも選択できます。

財産管理等委任契約

本人の判断能力が十分である期間でも、銀行とのやり取りが困難であるため、支払い関係については管理をしてほしいとの希望がある場合があります。このような場合に、受任者が本人から通帳等を預かり、代理人として本人の財産を管理するための財産管理等委任契約を締結するこ

とが考えられます。

　財産管理等委任契約であれば、必ずしも全ての財産を一括して任せる必要はなく、委任する財産や内容を個別具体的に定めておくことができますので、日常生活に必要な現金や預貯金の管理は本人がすることとし、当面使う予定のない定期預金などの管理のみを任せることも選択できます。

　財産管理等委任契約についても、公正証書による作成は必須ではありませんが、金融機関等との関係では、第三者である公証人に本人の意思を確認したことを証明してもらえる点で、公正証書による作成を検討すべき場合があるかと思われます。

死後事務委任契約

　任意後見契約は、委任者である本人の死亡と同時に終了します。しかし、本人の死亡後には、病院代の清算、葬儀、火葬、納骨、施設の片づけ、遺品整理や残されたペットの環境整備などさまざまな事務が必要となります。遺言書に希望を記載しておくことも考えられますが、これらの事項は遺言事項ではなく、遺言書の当該部分に法的な拘束力はありません。

　委任契約は、委任者の死亡により終了するのが原則ではありますが（民法653条1号）、委任者の生前に結ばれた、入院中の諸費用の病院への支払い、自己の死後の葬儀を含む法要の施行とその費用の支払い、お世話になった家政婦や友人に対する応分の謝礼金の支払いを依頼する契約は、委任者の死亡によっても委任契約が終了しない旨の合意が含まれ、委任者の死亡によっても終了しないものとされています（最三小判平成4年9月22日金法1358号55頁〔27815431〕）。

　よって、死後に生じる事務処理についてもあらかじめ委任契約を締結しておくことが考えられます。

遺言

お世話になった人に遺産を贈りたい、特定の相続人には財産を渡したくないなど、本人が、死後の財産の分割方法について具体的な希望を持っている場合には、遺言書の作成が適しています。

本人の意思を尊重するために

本人の判断能力がはっきりしているうちに、本人の希望を十分に把握しておかなければ、任意後見契約を締結できたにもかかわらず、結局は委任者の意思が尊重されない結果となってしまう場合があります。あらかじめ、本人がやりたいこと、やりたくないことをしっかりと聴取し、本人の意向に沿うように契約方式を選択することが重要です。

任意後見契約が発効して以後、事務処理に迷いが生じた場合に参照できるものとして、生活プランや死亡時の連絡先、葬儀、納骨、墓地等の希望を、エンディングノートやライフプラン表に自由に記載してもらうのも1つの方法です。このようなエンディングノート・ライフプラン表の作成により、本人が本当に委任したい内容や締結すべき契約方式が明確になることもあるかもしれません。

体験談1

任意後見契約の内容説明

弁護士8年目　男性

任意後見契約締結の希望

　以前、遺言書作成で手伝いをした依頼者の息子さんから久々に連絡があり、「母親の任意後見契約を作成したい」という相談を受けました。その依頼者は資産家で、かなりの数のビルを所有していましたが、自身が高齢となり、財産を息子さんに承継したいと考えていました。そこで、遺言書を作成して親子で一安心していたところでした。

　相談に来た息子さんと話をして、その後の事情をうかがってみると、「事実上、ビルの運営は母親から引き継ぎ、全て息子の私が行っている」「母親が自身の体調を不安視しており、私に対し、早めに対策をしておきなさいと言ってくる」「母親の体調がこれ以上悪化する前に、打てる手を打っておきたい」とのことでした。そこで、依頼者の体調が悪化した場合に備えて、任意後見契約の作成を進めることにしました。

契約締結までの段取り

　私が、実際の契約締結までの段取りとして考えたのは次のとおりでした。
- ・依頼者の意向確認
- ・契約書の文案作成
- ・契約書案の確認、読み合せ
- ・公証役場での公正証書作成

息子さんとの打合せの後、すぐに依頼者本人に意向を確認することにしました。依頼者本人とお会いし、制度の概要を説明をすると、「全部息子に任せている」「お願いします」とお話しされたので、すぐに案文の作成に移ることになりました。

依頼者への内容説明

　案文が完成した後、再度依頼者とお会いし、案文の説明を行いました。すると、依頼者は、何やらピンと来ていない表情で、「いつ何を渡せばいいの？」「後見監督人とは誰？」「結局私はどうなるの？」と疑問点が次々と出てきてしまう始末で、もはや契約書の内容を理解するどころの話ではありませんでした。
　結局、従前の意向確認の面談では、息子さんに任せるという意識が先行し、具体的な制度の理解が十分に進んでいなかったようでした。依頼者本人が、実際に案文を読んでみて、イメージしていた内容と乖離していたことが、疑問点が多く発生した要因だと思われます。
　その日は、依頼者の疑問に答えつつも、もう一度制度自体の説明や理解を進めることが必要であるとして、再度読み合せの面談を行うこととしました。

無事、締結

　２度目の読み合せの面談の際には、具体的な制度内容と条項の内容を説明する資料を準備し、依頼者本人の理解を進めることを優先することにしました。最終的には、依頼者も条項の理解が進み、安心した様子でした。
　公証役場での契約締結の際も、公証人からの意向確認が行われましたが、依頼者はスムーズに回答していました。公正証書完成後は、依頼者

もほっとしたと話をしていました。

　任意後見契約の制度そのものは、その有用性の理解が一般的にも広まってきていますが、制度の具体的な内容は、まだまだ理解が進んでいないのだと思われます。特に、契約書の条項には、一見して理解が困難なものも含まれています。制度の有用性を最大限活用するために、依頼者に対して繰り返しかつ丁寧な説明を行い、十分な理解を得ることが必要であることを再確認した事例です。

ワンポイントアドバイス

後見人が職務執行できなくなってしまう場合に備えて

　任意後見契約は、契約締結後直ちに委任事務が始まるものではないため、後見人となる方からすれば、任意後見契約の発行時点は病気や怪我で事務処理が困難な状況になっているかもしれないと不安を感じることもあるかと思います。

　このような場合、法人を任意後見人とすることが考えられます。法人を任意後見人とすれば、複数担当者により長期の後見にも対応ができ、解決が困難な事案が生じた場合には複数体制で相談して対処できるといったメリットがあります。ただし、1人の後見人が対応する場合と比べて、本人との信頼関係が築きにくいことや、職務が事務的になりやすいことには注意が必要です。

　また、複数人を任意後見人に選任することも可能です。具体的には、複数の任意後見人が共同して行うのでなければ代理権を行使できない共同代理の方式や、それぞれ異なる委任事務を分掌する方式による契約が考えられます。これらの場合、後見人の1人について不適格（任意後見契約に関する法律4条1項）により他の後見人の分を含め任意後見契約

全体が発効できないおそれや、一部事務についてのみ任意後見が発効してしまうおそれがあるため、それぞれの後見人と1通の公正証書により同時に契約を締結すべきか検討する必要があります。

　ほかに、第一順位の任意後見人を決め、その任意後見人が事務処理を行うことができなくなってしまった場合に備え、予備的に、第二順位の任意後見人を定めておくことも考えられます。後見登記等に関する法律には、予備的受任者を登記しておくための規定がなく、家庭裁判所を拘束する効果はありませんが、当事者間においては、後見人を予備的に定めておく契約も有効であると解釈されています。

　任意後見契約公正証書を作成してしまった後に後見人側に不安が生じてしまい、受任者の定めを変更する必要が生じた場合、新たに希望に沿った公正証書作成することが必要となりますので、上記のような方法をあらかじめ説明し、後見人の心配事にも配慮することが重要です。

Method 09 | 家族信託

▶ 安定した仕組みを
作れるかが勝負

——近頃、家族信託の有用性が盛んに叫ばれており、実際に活用されている事例も増えてきている。一方で、実際に家族信託を組成する場合には、検討すべき事項、対応すべき事項が多数存在する。

家族信託の有用性

　家族信託は、近年、高齢者の財産承継対策として着目されてきており、実際に活用されてる場面が増えてきています。巷では、さまざまな専門家が民事信託を財産承継などの提案ツールの1つとして準備しており、特に司法書士が家族信託の提案に力を入れているのが目立ちます。

　家族信託とは、信託法に基づく信託の枠組みのうち、当事者が家族あるいはその親族内で完結することを予定している民事信託の一類型です（信託銀行などで行われるのは商事信託）。通常は、委託者（財産を預ける人）と受託者（財産を預かる人）との間の契約で行われるのが一般的ですが、まれに、遺言書で信託が行われる場合もあります。

　家族信託の詳細な説明をここでしようとすると、書籍1冊分になってしまうので省きますが、高齢者との関係で家族信託が有用とされている

のは、①高齢者が認知症になって財産管理ができなくなることに備えて、あらかじめ家族（あるいは後継者）との間で先んじて財産管理を委ねていく点、②家族信託の制度を活用して、あらかじめ特定の財産を誰に承継させるのかを定めておく点（遺言代用信託）の2点とされています。

家族信託単独で、高齢者の財産問題全てに対応できるわけではありませんが、遺言書の作成、任意後見契約の締結などをあわせて実行することによって、高齢者の財産承継問題、認知症対策のほとんどが実現可能です。

業務提供のプロセス

実際、家族信託の組成を業務として受任した場合、多少前後はあるでしょうが、以下のようなプロセスで進むと思われます。

① 依頼者からニーズ・必要事項についてヒアリング
② 契約書案の作成
③ 受託者への説明・認識のすり合わせ
④ 金融機関、司法書士等その他関係者とのすり合わせ
⑤ 公証役場との調整・契約締結
⑥ 契約締結後の処理、信託開始後の継続支援

家族信託は、ある程度長期的に継続していくことを前提とした制度です。そのため、どのような財産を信託財産とするかによって、信託の当事者以外の第三者と調整する必要が出てきます。契約書案を作成して業務終了、というわけにはいきません。

要注意事項

家族信託を組成するうえで、よく発生しがちな注意事項をいくつか紹介します。

・金融機関との調整

　よくある家族信託の類型としては、アパートなどの収益不動産を信託財産とするものです。このとき、多くの場合において、アパートなどの建築費用に用いた金融機関からの借入れ残高があり、不動産登記に抵当権が設定されています。そうなると、信託契約を締結する際に、借入れをどのように取り扱うかに関して、金融機関と事前に協議をする必要が生じます。

　また、受託者が管理する金銭については、受託者自身の金銭とは分別管理する必要が生じます。そのため、家族信託を組成するタイミングで、「信託口」（広い意味で、受託者名義の信託専用の銀行口座のことを指します）を開設する必要があります。ただ、信託口を開設できる金融機関が限られているうえ、開設できても、金融機関の事務処理上、家族信託に適さない口座しか作れない場合もあるので、かなり注意が必要になります。

・司法書士、税理士などほかの専門家との連携

　不動産が信託財産となる場合、不動産の登記を委託者名義から受託者名義にする必要があります。それと同時に、信託内容の概要を公示するための信託登記を法務局に申請する必要があります。この信託登記は、どの程度、信託契約の内容を登記に反映するかについての専門的な知識が必要になるため、信託に詳しい司法書士と連携することが必要です。

　また、信託した財産が収益財産である場合には、税務署に対して信託の計算書という書類を提出する義務が生じます。そのような場合には、すでに税務申告を担当している税理士がいる場合が多いでしょうから、家族信託を組成した後も、円滑に税務申告ができるよう、担当税理士と認識のすり合わせをしておく必要があります。

・受託者との連携

　家族信託は契約を締結して終わりではなく、むしろそこがスタート地点であり、その時点から実際に受託者の財産管理が行われていきます。しかし、家族信託の多くの場合、受託者は継続的にどのような仕事をしていけばいいのか、最初から理解している人はほとんどいません。

せっかく高齢者の財産対策として有用な家族信託という枠組みを作ったとしても、実際に財産管理を担う受託者が、自身の義務を理解していなければ、実体をもって有効的に活用することはできません。そこで、家族信託の組成に関与する場合には、受託者（あるいはその候補者）に、受託者として行うべき業務や義務内容を繰り返し案内し、理解してもらうことが必要です。ひいては、実際に受託者の業務を継続的に支援することを検討するなど、一定の期間、組成した家族信託が実態に即して運用されていくかを継続的に確認していく必要があります。

安定した仕組みを作れるか

　家族信託は、短くても委託者に相続が発生する十数年、あるいは2、3世代にわたった数十年間、継続することが想定されています。それだけの期間、あらゆる状況に対応できる枠組みを検討するのは至難の業です。

　それでもなお、家族信託の有用性を最大限発揮させるために、長期間安定して継続することができる枠組みを検討・組成できるかが専門家としての力の見せどころですし、場合によっては、継続中であっても契約の変更を含めた柔軟な対応をとれるような体制を整えておくべきです。

体験談1

受託者を誰にするか

弁護士8年目　男性

信託を希望するお客様

　民事信託の取扱いが増えてきた頃、民事信託を希望されているお客様を紹介されました。その方は、その地域の地主の末裔で、配偶者に先立たれたものの、ご自身で多数の不動産の管理をされていた方でした。その方は、息子さんが2人いらっしゃるものの、お孫さんは1人しかおらず、最終的にはそのお孫さんに全ての財産を承継させ、不動産を維持していってほしいという希望を持っていました。
　そこで、不動産を2世代にわたって円滑に承継していけるよう、受益者連続型信託の組成を提案することにしました。

受託者を誰にするか悩む

　依頼者に対して受益者連続型信託の提案をすると、ご自身の希望がかなえられるとして、大変喜んでいました。一方で、具体的に民事信託の仕組みを説明していくと、受託者を誰にしたらいいのかを悩んでいる様子でした。
　依頼者の悩みに対し、私は、一般的に民事信託の受託者は、委託者の親族かつ後継者にあたる方が就任する場合が多く、今回であれば、息子さんのどちらかになるだろうと話をしました。依頼者によれば、自身の後継者はおそらく長男になるとのことで、いったん受託者の候補者を長男に設定し、案文の作成を進めることにしました。依頼者に対しては、

受託者の候補者である長男と信託について話をするよう指示をしました。

受託者候補者に話ができない？

　後日、契約書の案文を作成し、依頼者と読み合せを行ったところ、依頼者は案文については大変満足し、案文の内容で進めようという話になりました。ところが、前回の面談のお話の際に指示していた、受託者候補者の長男との話がまだできていない、とのことでした。

　私は依頼者に対し、民事信託は受託者に財産を託すことが本質であり、受託者の役割が重要であること、信託契約は受託者が契約当事者になること、委託者と受託者の信頼関係が重要になるので、早めに話をしたほうがよいと説明しました。必要であれば、長男に弁護士から説明することも可能であるとして、依頼者に長男への説明をどのように進めるかを検討してもらうことにしました。

　しかしながら、その2週間後、依頼者から連絡があり、信託契約の検討をいったん取りやめたいと言われてしまいました。

関係者の理解を得ることが重要

　私は、依頼者の意向を尊重しつつも、中止する理由を尋ねました。すると、依頼者は、今回の信託の話は、長男を含めた家族とは事前に一切相談せずに進めていたこと、信託に関連して息子世代への相続の話もしないといけないが、過去に相続の話をしたことがなく、息子たちに話をする勇気が持てなかったことをお話しされました。そのうえで、相続の話も含めていったんじっくり考えたいとのことでした。私としても、受託者候補者に話ができないのであれば、これ以上案件を進めようがなかったので、業務を中止することで依頼者と合意しました。

　民事信託は、信託という契約の本質上、委託者と受託者との間の信頼

関係が存在することはもちろんのこと、信託契約の大部分が、後継者への財産承継を伴うものであることから、委託者の家族や関係者と十分に協議をし、理解を得る必要があります。特に、受益者連続型信託のように、ある程度長期に継続する信託契約を締結する場合には、その契約が安定して活用されるよう、協議を尽くすべきです。

　今回、依頼者は、家族との間で、ご自身が有する財産の承継や、ひいては将来的な家族の関係について、あまり話ができていませんでした。民事信託は、家族でどのように財産を管理・承継していくかを考えていく１つの手段にすぎず、本質的に重要なのは、家族全員での話合いや円滑な関係性に基づいた方向性の検討であると思われます。

体験談2

借地を信託する

弁護士8年目　男性

話を聞いたら借地だった

　事務所に信託を希望する新しい相談があり、私が担当することになりました。事前に紹介者から聞いた話では、主に自宅の信託を考えており、それにあわせて一部金銭も信託する予定とのことでした。その話を聞いたとき、定型的な契約内容で済みそうだと軽い気持ちで考えていました。
　その後依頼者と面談し、詳しくお話しを聞いてみると、依頼者ご本人とその家族の希望は、自宅の管理と承継を円滑にしたいという、ごくごく一般的なものでした。しかし、信託財産とする予定であった自宅は、借地のうえに建っているものでした。

借地は信託財産にできる？

　信託法上、信託財産の種類に関する制限の条項は存在しません。そのため、法律上、金銭的な価値を有していれば、信託財産とすることに特段の制限はないということになります。一方で、農地など、財産それ自体は金銭的な価値を有しているものの、別の法律の制限や、財産の性質上、信託財産とすることができないものも存在しています。

　民法や借地借家法上、信託を制限する条文はありませんから、借地の上存在する建物を信託財産にすることも、ひいては借地権それ自体を信託財産にすることも、本質的には特段の制限はないはずです。

　一方で、借地上の建物と借地権を信託する場合には、地主の意向を無視するわけにはいきません。地主としては、借主との信頼関係に基づいて賃貸借契約を締結しているため、借地の新たな管理者となる受託者の登場については無視することができないからです。また、信託契約を締結した場合、借地上の建物の名義が受託者に変わりますから、借地権の無断譲渡に該当すると指摘される可能性もありました。

　以上を踏まえて、今回依頼者の希望どおり、借地上の建物と借地権とを信託財産とするには、地主と交渉し、信託財産とすることの承諾を得る必要があることがわかりました。そのうえで、地主からの承諾を得るのに伴って、地主から借地権譲渡と同等の承諾料を要求される可能性があることもわかりました。

地主の反応

　依頼者は、地主に多額の承諾料を支払うことに難色を示したことから、条項の検討を進める前に、地主に概要を打診し、感触を確かめることとしました。それに対する地主の反応は、「契約書を見てみないと何とも言えない」という、よくよく考えれば至極当たり前の反応が返ってきました。

そうなると、実際に地主に対して契約書を提示した際に、承諾料を求められる可能性は否定できません。そこで、依頼者と協議し、契約書の検討は進めるものの、地主との交渉の結果、多額の承諾料を要求された場合には、信託の検討を中止することもやむなしということになりました。

　実際、作成した契約書案は、信託契約書としては非常にシンプルな内容になりました。その契約書案を地主に提示して、具体的に検討してもらったところ、地主の意向としては特段の支障がないということで、そのまま進めてもらって構わないという回答がありました。その後、無事地主から借地上の建物と借地権を信託財産とすることについての承諾書を得ることができました。

　承諾料が発生するかどうかについては、こちらからはあえて言及していませんでしたが、地主からも承諾料の話が出ることはありませんでした。

信託財産にできるかの検討は慎重に

　本件では、結果的に地主から承諾料を要求されることはありませんでしたが、調査をしてみると、実際に地主から承諾料を要求された事例は存在するようです。そうなると、せっかく信託の制度を用いて財産の活用を図ろうとしても、金銭的な負担が増大する可能性が否定できません。ひいては、依頼者の希望を全面的にかなえることが難しくなることも想定されます。

　今回の事例は、信託契約で地主との関係が問題となったものですが、信託財産の内容によっては、委託者、受託者、受益者という信託契約の当事者以外にも、その財産に関する利害関係人との調整を行う必要が生じます。信託契約そのものが一定の期間継続していくことが想定されている以上、利害関係人との関係も継続していくはずです。そのことも踏まえて、どのような財産が信託財産にすることができるかについては、

慎重に検討する必要があると思われます。

> 体験談 3

信じて託したその後に

弁護士3年目　男性

信託契約の効力は？

　Aさんから信託契約の効力に関する相談を受けました。高齢となったAさんは、子であるBさんに財産の一部を信託して資産の管理・運用等を任せていました。しかし、Aさんとしては、Bさんがきちんと財産を管理・運用しておらず、そもそも最初からBさんはそのようなことをきちんと行うつもりがなかったのではないかと考えて、信託契約の効力を否定したいとのことでした。
　そこで、まずは締結した信託契約（以下、「本件信託契約」といいます）を確認しました。

遺言代用信託の内容は

　本件信託契約では、委託者Aさんが受託者Bさんに対してAさんの財産の一部を管理処分することを信託し、それによって受益者Aさんの生活や介護に必要な資金を確保し、資産の管理・運用を行ったうえで資産をBさんに承継することとしていました（なお、委託者と受益者を同じ者とすることは可能であり、本件もそのケースです）。
　そのうえで、委託者Aさんが亡くなった場合は残余の信託財産が受

託者であるＢさんに帰属することとなっていました。

　Ａさんの認識では、高齢となったＡさんの身の回りの世話をＢさんに任せる話がＢさんとの間であり、その前提で本件信託契約を締結していたところ、ＢさんがＡさんの世話をしてくれないとのことでした。もっとも、本件信託契約の条項は、そのような負担が前提になっているとは直ちに読みとれないものでした。

効力に関する争いの果てに

　もっとも、Ａさんとしては、Ｂさんとの間のメール等のやり取りでもその前提が示されていたと考えており、こちらとしては錯誤（民法95条）により本件信託契約が無効であると主張しました（錯誤の効果は現在は取消しとなりますが、当時は無効でした）。Ｂさん側は、そのような前提が表示されておらず、意思表示の内容になっていないとして、本件信託契約は有効であるとの主張でした。

　交渉を続けたところ、Ｂさんとしても紛争の長期化や訴訟は望ましくないと考えたのか、本件信託契約を締結し直すことで解決できました。

遺留分との関係にも注意

　また、本件では紛争として顕在化していませんでしたが、Ａさんの子としてＢさんのほかにＣさんがおり、本件信託契約の内容では将来において遺留分に関する紛争が生じる可能性がありました。そこで、信託契約を締結し直す際には、遺留分にも配慮した信託財産の設定としました。

　遺留分との関係では、信託契約の一部が遺留分制度を潜脱する意図で信託制度を利用したものとして公序良俗に反して無効と判断された例（東京地判平成30年9月12日金法2104号78頁〔28264792〕）もあるた

め注意が必要です。

> **ワンポイントアドバイス**

最新情報をキャッチアップすべし

　信託法は、戦前から存在する非常に古い制度ですが、家族信託として活用されるようになったのは、平成に入って大幅な法律の改正が行われた後になります。そのため、現在でもなお、信託契約によってどこまでのことが実現可能なのか、他の法律との関係で紛争が生じる可能性がないか、統一した判例や学説がない部分が大きい分野でもあります。また、その有用性が叫ばれているにもかかわらず、いまだに家族信託についての対応が不十分な金融機関や、信託に関する知見がない専門家も散見されるところです。

　最近でも、信託に関連する重要な裁判例が出されるなど、今後も新しい議論が積み重なっていく分野であると言えます。そこで、実際に家族信託に専門家として関与していくためには、常に最新の情報やトレンドについて情報収集を継続していくべきです。

Method 10 | 高齢の親と面会できない場合の対処法

▶ **最終手段は
面会妨害禁止の仮処分**

——昨今、遺産の囲い込みや感情的な対立を背景に、一方の子の独断で、高齢の親を老人ホームといった施設に入所させ、他方の子に面会をさせない事例が相次いでいる。面会を禁止された子から、いつ亡くなるかもしれない親に一刻も早く会いたい、と相談された場合、どのように対処すればよいのだろうか。

施設入所となった高齢の親

　子らの間における、相続財産の囲い込みや、感情的なもつれに起因して、一方の子の独断で、高齢の親を、介護老人保健施設や老人ホームに入所させてしまうことがあります（以下、仮処分手続にならい、親に面会できない子を「債権者」、親を施設入所させた子を「債務者」といいます）。
　こうなると、債権者において、そもそも親が入所した施設の場所さえわからず、債務者に問い合わせても「教えられない」の一点張りで、親の居場所を把握することすら困難となります。
　仮に親の入所施設が判明しても、当該施設のキーパーソンに就任した

債務者が、施設職員に対し、債権者から連絡がきても、親の入所を知らせないないように要請している場合があります。当該施設においては、キーパーソンの意向に従い、債権者からの問い合わせに対しては、「そのような方は入所しておりません」「面会することはできません」との回答に終始します。

　こうなると債権者は八方塞がりで、親との面会が叶わず、特に、親の認知症が進んでいるような場合は、債権者自身が忘れられてしまうのではないか、亡くなる前に会うことはできるのか、といった不安にさいなまれます。また債務者が、親の財産を囲い込んでしまうといった問題も生じます。

　このような境遇に置かれた債権者から相談を受けた弁護士は、親との面会を実現するために、次の方法が考えられます。

親に会うための法的な手続

　法的な強制力をもって親との面会を実現する方法としては、仮の地位を定める仮処分手続、すなわち面会妨害禁止の仮処分の申立てが挙げられます。

　もっとも申立てに際しては、保全の必要性として、仮処分によらなければならない理由を疎明する必要があり、仮処分以外の手立てが効を奏さなかったことを言及しなければなりません。総じて、裁判所は、この種の仮処分手続の発令には謙抑的であり、面会ができない事実のみでは、仮処分が発令される可能性は低いです。

　そこで手続の流れとしては、仮処分手続に前置して、仮処分以外の方法で、親との面会の実現を模索する必要があり、次の手続が考えられます。

仮処分に前置した面会実現の方法

　債権者の代理人に就任した弁護士は、まずは債務者に受任の一報をいれ、債権者の面会を禁じている理由を聴取するべきです。
　体験談１のとおり、債権者の話からすれば、おおよそ面会が困難に思える事案でも、弁護士が介入することで債務者側も冷静に対応し、親との面会が実現する場合もあります。債権者と債務者とは、家族として感情的な対立が先鋭化していることもありますので、まずは任意での解決に注力すべきです。
　事前交渉が功を奏さない場合、次の一手として、家庭裁判所へ親族関係調整調停の申立てが考えられます。もっとも調停においては、債務者に出頭義務はなく、また仮に出頭したとしても債務者側の主張書面には非開示の申出もなされる可能性があり、建設的な議論ができずに不調で終わるケースもあります。
　次に考えられる手段として、親が認知症といった持病によって事理弁識能力を欠く場合、後見人の申立てをすることが考えられます。選任された後見人を介して、面会を実現するためです。
　もっともこの種の事案では、債務者の方が、日常的に介護をしたり、親との関わり合いが大きく、債権者は、後見申立に必要な資料（診断書等）を持ち合わせていないことが多いです。そのため債権者において後見開始の申立てに必要な証拠を揃えることができず、仮に後見開始を申し立て、親の精神の状況に関する鑑定を請求したものの、債務者が鑑定に非協力的で、鑑定自体を拒否されてしまうケースもあります。さらに体験談３のように、後見人が面会を拒絶するケースもあります。
　以上のような手続を経ても面会を実現できない場合、面会妨害禁止の仮処分に進むことになります。調停や後見開始の手続において、債務者に非協力的な態度が見受けられれば、仮処分手続における、保全の必要性の一事情として主張することになります。

面会妨害禁止の仮処分の実際

　面会妨害禁止の仮処分について、被保全債権は、人格権に基づく妨害排除請求権及び妨害予防請求権、申立ての趣旨は、「債務者は、（親）が入居する施設名を開示せよ」「債務者は、債権者が（親）と面会する行為を妨害してはならない」となります。

　保全の必要性においては、前述のとおり、仮処分手続によらなければ目的が達成できないことを疎明する必要があります。具体的には、これまで任意での面会を求めてきたものの、債務者が合理的な理由なく、面会を禁じていること、親族関係調整調停や後見開始の審判に不協力であることを述べます。また保全の必要性においては、債権者の被る損害が事後の損害賠償によって償えるものかどうか、仮処分命令によって受ける債務者の損害の有無・程度も考慮されることから（最三小決平成16年8月30日民集58巻6号1763号〔28092331〕参照）、親の病状が切迫していることや、面会が実現しても債務者側に不利益が生じないこともあわせて疎明します。

　一般に、債務者において親との面会に非協力的な態度に終始し、仮処分手続以外で面会の実現が困難な場合は、仮処分決定の期待が高まるものの、事例としてはそう多くはないと思われます。過去に仮処分決定がなされた事案はあるものの（横浜地決平成30年6月27日平成30年（ヨ）244号公刊物未登載〔28270079〕仮処分決定）、例外的な事例といえます。

　もっとも体験談2や3のとおり、仮処分の申立てを契機に、和解が成立する事例もあります。厳しい見通しでも仮処分手続を経ることで突破口が見つかる場合もあることから、あきらめずに申立てをすることで道が開けることがあります。

> 体験談1

弁護士の介入で親に面会できたケース

弁護士3年目　男性

依頼者の状況

　とある依頼者より、「妹が母との面会を許してくれず、調停も功を奏さず、途方に暮れている」との相談がありました。
　これまでの経緯をうかがうと、依頼者において、母が入居した施設を特定しており、当該施設へ問い合わせたものの、施設職員からは「そのような方は入居していない」の一点張りで、母と会わせてもらえなかったようです。また依頼者において、親族関係調整調停を申し立て、2回の期日を経たものの、妹からの反論書面は非開示の申入れによって、その主張内容を確認することはできず、ただ母に会わせることはできない、の一点張りで調停は不調に終わってしまったとのことでした。
　そのような状況で、高齢の母に一刻も早く会いたい、との相談を受けました。

弁護士の介入

　依頼者から聴取した内容からすると、姉妹間の感情の対立は激しく、仮処分手続に移行しなければ面会の実現は難しい、というのが率直な感想でした。すでに親族間の調整調停も不調となっており、事前交渉を挟んでも、いたずらに時間を浪費する可能性が高い状況だったので、直截、仮処分の申立てを検討したものの、受任の挨拶だけはしようと思い、妹の自宅へ連絡書を送付しました。

ほどなくして、妹から連絡があり、面会が実現できない理由を聞くことができました。妹いわく、「母に会わせることができないのは、姉（依頼者）と同居している父が原因である。姉が会うこと自体は反対はしていない」というものでした。より詳細をうかがうと、妹からは、「過去に父が母に対して振るった暴力を許すことができず、父を母に会わせることは認められない。またそのような父と同居している姉とも会わせることはできない」とのことでした。
　その後も妹との協議を続け、最終的には、母に会うのは依頼者のみであり、父を面会の場に連れて行かないこと、面会の頻度や方法については妹の指示に従うこと、初回の面談時には弁護士も同席して合意内容を担保すること等の条項を設け、合意書を取り交わしました。

面会の実現

　合意書を取り交わして間もなく、依頼者は、約3年振りに、母と面会ができました。依頼者は、徐々に妹とも意思疎通を図ることができ、現在においては以前の関係性に戻ったと聞いています。
　本件の教訓としては、相手方の意見を聞かないと紛争の実相はわからない、というものです。依頼者からの話を前提にすると、妹の態度は頑なで、裁判所の介入がなければ面会はまず不可能といった印象でした。しかし蓋を開けてみれば依頼者が母に会わせることができない理由は、同居している父にあり、仮処分手続も経ずに早期の面会を実現することができました。
　聞くところによると、妹はこれまで熱心に母の介護をしており、この点は依頼者も認めているところでした。妹においては、これまでの介護の労苦があるからこそ、つい感情的になってしまい、冷静な話合いができなかったようです。このようなケースは本件に限らず多い気がします。
　親族間では、もともとの関係性が近いからこそ、簡単な意思疎通も図れないほどに関係がもつれてしまうことがあり、まずは相手方の言い分

を聞くことの大切さを、あらためて学びました。

> 体験談2

仮処分手続中に和解が成立したケース

弁護士8年目　男性

妻に会えないという夫からの依頼

　依頼者は、80代の夫で、息子が妻と会わせてくれない、との相談でした。息子いわく、「父を母に会わせることができないのは、以前、父が母の病室に訪れた際に、備え付けられていた箒を振り回して暴れたからである」とのことでした。

　依頼者によると、息子が指摘する暴力を振るった事実はあるものの、当時の行為は真摯に反省をしており、今後、同様の行為をすることは絶対にない、とのことでした。

事前の交渉は不調に終わる

　息子に連絡をとり、事情を聞いたものの、息子からは、「母に危害が及ぶ可能性は否定できず、現時点で父（依頼者）を母に会わせることは応じられない」との回答でした。

　次の手続として、親族間関係調整調停を申し立てるといった選択肢もあったものの、息子の様子からすると、調停を経ても建設的な話合いは期待できないと判断し、認容される望みは薄かったものの、面会妨害禁止の仮処分を申し立てました。

面会妨害禁止の仮処分手続において

　裁判所の審尋手続において、裁判官からは、「確かに当事者ご夫婦とも高齢ではあるが、特段、生命に関わる持病や容態の悪化といった事情がないのであれば、保全の必要性が認められるか疑問がある。債務者審尋を経てから結論は決める」との発言があり、仮処分発令には消極的な様子でした。

　他方で、債務者審尋を前に、息子より、「裁判手続に関与することは避けたく、裁判外での和解として、弁護士が同伴することを条件に母に会わせることは問題ない」との連絡がありました。

　結果として、裁判外での和解を約し、仮処分手続は取り下げて終結となりました。

　その後、弁護士立会いのもと、依頼者は無事に妻に会うことができ、久々の再会の様子は、映画「君に読む物語」さながら感動的であり、思わずほろりとしてしまいました。

仮処分が認容されずとも突破口となる場合がある

　本件は、過去に依頼者が妻に暴力を振るってしまい、事前の親族関係調整調停や後見開始の審判の申立てを経ていなかったことから、仮処分が認容される見込みの低い事案ではありました。

　しかし、親族関係調整調停を申し立てたとしても、いたずらに時間が過ぎる可能性が高かったことから、依頼者には仮処分の見込みをしっかりと説明したうえで、裁判官の仲介を期待して、仮処分を申し立てました。

　審尋手続では、予想どおり、裁判官は仮処分の発令に消極的だったものの、申立てを契機に息子も態度をあらため、面会を実現することができました。

　定石を踏むのであれば、親族関係調整調停といった手続を経て、保全

の必要性の判断において肯定的な事情を、こちらから作出すべきです。しかし、依頼者と妻が高齢であったこと、息子との間では建設的な話合いが期待できないこと等の事情から、ある意味賭けではあったものの、仮処分を申し立てました。

　本件では裁判官の仲介はなかったものの、とりあえず仮処分を申し立ててみるというのも、停滞した状況を打破できる場合もあるということです。

> 体験談3

後見人と和解したケース

弁護士6年目　男性

依頼者の状況

　とある依頼者から、介護をしていた認知症の母が高齢者虐待の防止、高齢者の養護者に対する支援等に関する法律に基づく保護措置によって行政機関に保護され、面会を認めてもらえない、との相談がありました。

　依頼者においては、介護疲れから、つい母親を叩いてしまったことがあり、また後に判明したのですが、依頼者において母の預金の使い込みがありました。

　行政機関の申立てによって成年後見人が就任したことから、面会を申し入れたところ、当該後見人からは、「身体的な虐待に加え、使い込みといった経済的な虐待も加えられていることから、面会に応じることはできない」との回答でした。そこで当該後見人を相手方に面会妨害禁止の仮処分を申し立てました。

期日でのやり取り

　結論からいうと、後見人との間で、月に1回の限度で面会を認める裁判上の和解が成立しました。
　和解に至るまでの経緯として、主張書面上は、面会を禁止する合理的な理由がないこと、すなわち身体的虐待については、依頼者において真摯に認めてこれを反省し、今後二度と同じことをしないこと、今後の面会は入所先等の第三者の目がある場所ですることから、母が身体的な虐待をなされるおそれがないことを主に主張しました。
　3度の審尋期日を経て、裁判官は仮処分の発令に消極的な姿勢ではあったものの、やはり母が高齢であること、第三者の立会いのもとの面会であれば身体的虐待のおそれもないことから、和解のあっせんには相当程度、協力してくれました。
　最終的に、後見人において、公共機関において、行政の立会いのもとであれば面会に応じる旨の和解案の提案があり、これに応じる形での解決となりました。

仮処分は突破口となり得る

　率直に、依頼者においても身体的な虐待や経済的な使い込みといった非が認められ、面会の実現には懐疑的な要素が多分にありました。仮処分の申立て前は、後見人も面会に極めて消極的な態度ではあったものの、仮処分の審尋においては、裁判官の仲介もあり、最終的には和解での解決が実現しました。母は高齢かつ重度の認知症であり、その他持病も抱えていましたから、裁判官においては、生前に面会できる機会も限られており、ある種、急迫的な状況であることを考慮に入れ、積極的な仲裁に動いてくれたように思います。余命いくばくの両親との面会が制限されている場合は、このように裁判官において積極的な介入が期待できる場面もあるため、仮処分の申立てを検討してみるべきといえます。

> **ワンポイントアドバイス**

債務者側の状況の理解

　経験上、この種の事案で多いのは、債務者側の方が、債権者側よりも、親との同居や、頻回に通ったりと、介護に熱心に携わっているケースです。債権者側は、自身の家庭や仕事があったりと、なかなか親の介護に時間を割くことができず、決して不協力ではないものの、どちらかというと債務者に任せていることが往々にしてあります。

　つきっきりで介護をしている債務者においては、たまに訪れる債権者が、ある種、都合のよい存在に思え、債権者の意図しないところで債務者の鬱憤が溜まり、なにかの出来事で歯止めが効かなくなり、親との面会を一切させない、といった事態に陥ることがあります。

　このような場合、代理人においては、まずは債務者側の介護の苦労について、親身に耳を傾けることが大事だと思います。頭ではわかっていても、実際に体験する介護の大変さは、やはり全くの別物であり、債権者側に想像力が足りないこともあります。代理人においては、ときには依頼者である債権者に対し、債務者のこれまでの苦労を伝え、債権者と債務者間の橋渡しができれば、事案はよい方向に開けてゆくと思います。

Method 11 高齢者の雇用問題

▶ 高齢者の働き方に応じた
　対応を行うことが重要

――「人生百年時代」といわれる現代において、働き続ける高齢者も増えている。高齢者に働く意欲があることは、人材確保の観点から使用者にとってもプラスの面がある。

　もっとも、高齢者が働き続ける場合、待遇がどのようになるか、安全に働き続けるためにはどうすべきか等、検討すべき点があることに注意が必要となる。

そもそも定年を定めていますか

　定年延長や雇用確保措置についての対応（体験談1参照）がよく話題に上がりますが、実情としては就業規則がないことや就業規則に定年の定めがないこともあります。そのままだとそもそも定年がないことになります。

　定年を定めたい場合は、労働者との間で個別合意を得ることや、就業規則の作成や不利益変更を行うことが必要となります。

再雇用後の業務内容が問題となるケースも

　定年後再雇用の際には、待遇が再雇用前と比べて引き下げられることが問題となることが比較的多いといえます（体験談2参照）。もっとも、待遇のみならず、定年後再雇用の際に、定年前に従事していた業務の経験や労働者の労力からかけ離れた業務を割り当てることにより紛争化する例もあります。

　使用者としては、待遇にしても業務にしても、再雇用労働者に対して適切な理由を説明する必要があるといえます。

シルバー人材センターで働く場合

　高齢者の中にはシルバー人材センター（高年齢者等の雇用の安定等に関する法律（以下、「高年法」といいます）37条2項）で働く方もいます。シルバー人材センターにおける業務は雇用ではなく（高年法38条1項1号）、いわゆる業務委託（請負や準委任）と整理されています。

　もっとも、実務上は、労働者性に関する紛争が生じてこれが肯定される例や、シルバー人材センターに使用者責任が肯定される例がありますので、シルバー人材センターで働く高齢者からの相談対応の際には雇用ではないとの建前から軽々に判断しないことが重要です。

> 体験談 1

働き続けてもらう場合の事前準備

弁護士6年目　男性

定年について確認したい

　顧問先のX社から、定年に関する相談がありました。X社では近々定年を迎える労働者がいるところ、一定の年齢までの雇用確保義務の話等もあり、この機会に対応について確認しておきたいとのことでした。

雇用確保措置の選択肢はあるけれど

　かつては55歳定年とされていたこともありましたが、現状では、定年の定めをする場合は、原則として60歳を下回ることができないとされています（高年齢者等の雇用の安定等に関する法律8条）。
　また、例えば定年を60歳と定めていたとしても、事業主としては、労働者の65歳までの安定した雇用を確保する措置「高年齢者雇用確保措置」を講じることが義務とされています（高年齢者等の雇用の安定等に関する法律9条）。
　高年齢者雇用確保措置としては、以下の3つのうちいずれかを講じることになります。
①定年の引上げ
②継続雇用制度の導入
③定年の定めの廃止
　実務上は、①定年の引上げや③定年の定めの廃止では柔軟な対応が難しくなる面があります。そこで、②継続雇用制度の導入をすることとし、

その際にはそのまま雇用を継続するのではなく、(一旦退職したうえで有期雇用契約を締結する)定年後再雇用とすることが多いといえます。

そのように説明したところ、X社でも定年後再雇用とする形をとることになりました。

なお、令和3年4月1日施行の改正高年齢者等の雇用の安定等に関する法律(令和2年3月31日号外法律第14号)により70歳までの就業確保措置を講じるよう努めるものとされています(同法10条の2)が、こちらは努力義務にとどまっています。

就業規則はどうする?

定年後再雇用の労働者に適用される就業規則を正規労働者用の就業規則とは別に整備していない例も見受けられます。もっとも、定年後再雇用の労働者については、職務内容が正規労働者とは異なる場合や、配転を行わないとする場合も考えられます。これらの点を明示した定年後再雇用の労働者に適用される就業規則を整備することにより、正規労働者との待遇差の理由を示しやすくなります。

定年前に説明を

定年後再雇用において再雇用前後で待遇差がある場合、法的には定年前に労働者に対して説明する義務があるわけではありません。ですが、再雇用前後で待遇差が生じる場合に労働紛争が生じる場合がありますので(体験談2参照)、そのような紛争を可能な限り防ぐ観点から、事前に労働者に説明しておくことが望ましいといえます。

X社においても、定年後再雇用の労働者に適用される就業規則を整備し、定年が近づいた労働者に対して待遇差の説明を行うこと等により、紛争化することなく再雇用できました。

> 体験談 2

定年後再雇用における待遇は？

弁護士 9 年目　男性

これでは生活できません！

　X 社で働いている A さんから労働条件に関する相談がありました。A さんは、長らく X 社の正規労働者として働いていましたが、X 社の定年を迎えたことから定年後再雇用により現在は有期雇用で働いているとのことです。A さんとしては、定年後再雇用で役職から外れたため、役職手当が支給されなくなることは納得しているものの、実際に行っている職務は定年前と（役職者としてのものを除き）ほぼ変わりがなく、X 社の正規労働者と同様であるにもかかわらず基本給が大幅に下がったこと、また、家族手当等の他の手当てが支給されなくなることには納得できないとのことでした。A さんはこのままでは生活できないという苦しい胸の内を吐露していました。

定年後再雇用であることが 1 つの事情に

　定年後再雇用された A さんは有期雇用で働いているところ、短時間労働者及び有期雇用労働者の雇用管理の改善等に関する法律（以下、「パートタイム有期雇用労働法」といいます）8 条の適用を受けることになります。
　そこで、こちらとしては X 社の正規労働者の待遇と A さんの待遇の差が同条に違反すると主張して X 社と交渉しました。
　ここで、定年後再雇用の場合は、定年後再雇用であること自体が待遇

差の1つの事情として考慮され得ると考えられています（最二小判平成30年6月1日民集72巻2号202頁〔28262467〕参照。同判決は旧労働契約法20条に関するものですが、パートタイム有期雇用労働法8条の解釈においても基本的に妥当するものといえます）。そのため、職務内容等が同じである正規労働者との間で待遇差があっても、その待遇差が直ちに不合理とはならない点に注意が必要です。

そこで、Aさんとしては、定年後再雇用であることを考慮するとしても待遇差が過大であることや、一部の手当てについて支給されなくなる点は定年後再雇用であることと無関係であること等を主張しました。

（なお、パートタイム有期雇用労働法9条が適用される可能性もありますが、短時間・有期雇用労働者であること以外の理由がある場合には同条違反とはならないため、Aさんとしては同法8条に関する主張を柱としてX社と交渉しました。）

正規労働者と同じ労働条件になるわけじゃないけど……

Aさんとしては、待遇が（将来分も含めて）正規労働者と同一の待遇となることを希望していました。もっとも、仮に待遇差が不合理であったとしても、パートタイム有期雇用労働法8条の効果として有期労働者の待遇が正規労働者の待遇と同一のものになるわけではないと考えられています（前掲平成30年最二小判参照）。

そこで、Aさんとしては、まずは差額の賃金請求ではなく、不法行為に基づく損害賠償を請求しました。

他の労働者とのバランス

X社としては、Aさんの職務内容は定年前後で変わっているとの認識であり、AさんとX社との間で職務内容のすり合わせを行いました。

それにより、Aさんの職務内容を定年前とほぼ変わっていない（ただし管理職としての職務はない）と再認識し、Aさんの待遇について改善するように話を進めることができました。

もっとも、X社からは、他の労働者や他の定年後再雇用労働者とのバランスから、折り合える範囲に限界がある旨が主張されました。Aさんとしては納得できない部分も残っていましたが、裁判手続に進むよりも交渉で早期に解決したいとの意向もあり、賃金は正規労働者よりも低いものの、Aさんが生活していける待遇でX社との間で合意することができました。

体験談3

高齢者が安全に働くためには

弁護士8年目　男性

現場作業中の負傷

Y社から訴訟対応についての相談がありました。現場作業中に負傷した労働者Xから安全配慮義務に違反しているとして訴訟提起されたということです。

労働者Xは高齢者ではありますが、長年同様の業務に従事してきた経験がありました。

安全配慮義務に関する主張

原告側からは、（労働者が高齢者か否かに関わらない）労働安全衛生

法の条項や労働安全衛生規則の条項の違反の主張とともに、Y社が労働者の生命、身体等の安全を確保しつつ労働することができるようにするための必要な配慮を欠いていたとの主張がなされました。

こちらとしては、これらの条項に違反しないと主張しつつ、Y社に安全配慮義務違反はないと主張していました。

訴訟としては特段変わったところなく進行していました。

高齢者の安全に配慮した配置とは？

そうしたところ、原告側からは、労働安全衛生法62条を指摘しつつ、そもそも高齢となっていた原告に現場作業をさせたこと自体が配置として不適切であった旨の主張もなされました。

同条では、事業者は、中高年齢者等について、心身の条件に応じた適正な配置を行うように努めなければならないとされています。なお、同条は努力義務とされています。

こちらとしては、高齢の労働者は経験が豊富で、熟練の技能を有する例もあり、身体能力が低下するとしても経験や技能である程度カバーできる場合もあり、現場作業を行う能力の低下に直ちにつながらないのではないかとも考えられました。その観点から、高齢の労働者を現場作業に配置することが不適切とはいえない旨の主張を行いました。

結果的に和解で解決し、裁判所の判断は示されませんでしたが、高齢の労働者の安全確保について考えさせられた一件でした。

> ワンポイントアドバイス

高齢者に合わせた働き方や環境整備を考える

　定年後再雇用における高齢者の待遇や業務内容の問題についても、安全確保のための適正配置の問題についても、高齢者が無理なく働き続けることができる働き方や環境を整えることが重要です。法的な対応を行うことはもちろんですが、高齢の労働者から聞き取りを行うことや労働者に対する説明を通じて、状況に応じた対応をすることが有用といえます。

Method 12 高齢者の離婚

▶ どっちがお得？

――熟年離婚という言葉も、昨今よく聞く言葉になってきたが、子どもも成人し社会人となって、これからは自分自身の人生を歩もうと離婚を考え法律事務所に相談に来る60代70代の方々がいる。高齢の方々からの離婚相談、事案解決にあたって弁護士が注意すべき点を解説する。

もう一度よく考えてもらいましょう！

　通常の離婚事件でもたまにあることですが、事件を進めていく中で依頼者の気持ちが変わり、離婚はしない、現状のままでよいとなり、解任ないし辞任せざるを得なくなる状況があります。高齢者の離婚の場合、特に相談者が専業主婦だった場合には、今後の住居をどうすればよいのか、生活費をどう捻出するか、将来の介護をどうするのか、自分の健康状態が今後どうなるのか等々相談者自身いろいろと不安に駆られる場面が多いかと思います。依頼を受け、事件を進めていく中で、依頼者が不安に駆られ、突然、やっぱり離婚やめます、となってしまうと、弁護士としてもたまったものではありません。

　相談の段階から、離婚後の生活設計をしっかりとイメージしてもらい、もう一度、離婚すべきなのか考えてもらい、それでも離婚して人生の再スタートを切りたいという強い意志を確認することが依頼を受けるにあ

たりとても重要な事項になります。

高齢者離婚の特有の検討事項

　高齢者離婚の特有の問題点として、財産分与における特有財産の切り分けが難しい点があります。婚姻期間が相応に積み重なっている夫婦では、婚姻期間中に親の相続が発生している場合もあり、また婚姻前の財産も生活口座とは完全に切り分けられほとんど出し入れがない状態で管理されていれば別ですが、生活を積み重ねる中で預金の切り崩しを行ったり、婚姻中に新たに積み立てられたりと預金の増減がなされていることがほとんどです。預金口座に残っているこの金額は、婚姻前からの財産である、相続財産である、又は特有財産から投資して増えたお金であると主張・立証することが困難なことが多々あります。

　完全に切り分けが立証できる資料（証拠）がなくても、ある程度の資料が揃えば、その資料を基に、弁護士がうまく主張を組み立てると、裁判所では主張の全額ではなくてもある程度の額を特有財産として認めてくれることがありますので、代理人としては立証が困難な場合でもあきらめずに主張していくことが重要となります。

　年金分割についても、配偶者が厚生年金や共済年金に加入していれば年金分割ができます。

　平成20年4月以降の年金保険料については、相手の扶養に入っていた場合には「3号分割」が適用されて相手の同意なしに年金分割ができます。しかし、高齢者の離婚の場合には、平成20年よりも以前に婚姻していた方のほうが多いと思います。

　その場合（扶養に入っていない場合や平成20年3月以前の年金保険料について）は「合意分割」が適用されるので、分割のために相手の合意が必要となります。合意が得られない場合には、裁判所で年金分割の決定を受ける必要があります。年金を分割できる期間は離婚後2年以内であるため、離婚事件を対応するにあたり、配偶者が厚生年金や共済年

金に加入していた場合には、年金分割の合意が必要か確認し、必要であればあわせて手続を進めていく必要があります。

相続と離婚

　高齢者の離婚となると、相続のことも念頭に置かなければなりません。離婚では、婚姻期間中に夫婦で築き上げた財産を財産分与として、通常は2分の1で分けていきますが、相続となれば、配偶者が死亡した時点で所有していた配偶者の全財産が分割の対象となり、財産分与よりも多く配偶者の財産を受け取れる可能性があります。また、離婚に伴う年金分割よりも、遺族年金の方が高額になるのが通常です。

　高齢者の離婚の場合には、配偶者が遺言書を作成し全財産を妻ないし夫以外の者に遺贈しない限りは、相続で得られる経済的メリットは離婚よりも高くなるので、それを踏まえたうえで、離婚をもう一度よく考えたほうがよいかもしれません。

　これだけ我慢して婚姻生活を耐え抜いてきたのだから、あともう少し我慢することはできないか、我慢できないとしても別居してしばらく様子を見ることができないか検討することも選択肢としてあるので、何が相談者にとって一番よい解決なのか相談者・依頼者と一緒になって考えることも弁護士として重要なことかもしれません。

> 体験談 1

財産分与と相続を天秤にかけたら……

弁護士 10 年目　男性

熟年離婚のご相談

　私の事務所に 60 代前半の女性が相談にお越しになりました。お話を聞くと、夫から長年モラハラを受けており、自分は家政婦のような扱いを受けてきた。もう耐えるのにも限界があり、早く離婚して新たな人生を歩みたいとの内容でした。夫は 70 代半ばで、結婚して 40 年近くになるそうです。離婚の意思は固かったので離婚に向けて協議を進めるということで相談を継続しました。

財産調査をしたところ

　離婚をするうえで、依頼者の一番の関心事は夫から財産分与としてどれだけ財産が得られるかでした。そのため、私は、夫依頼者が把握できている夫の財産内容でよいので聞かせくださいと伝えました。
　後日、依頼者が夫の所持している財産の一覧を作って相談に訪れました。一覧を見たらとんでもない額の財産を保有しているではないですか！！
　これはとんでもない額の財産分与になるなと思いながら、各財産の取得の経緯を聞くと、そのほとんどが親の代からの相続等で受け継いだものでした。夫自身も会社の役員となって毎年結構な額の役員報酬を得ており、預貯金もそれなりにはあったのですが、それをはるかに上回る財産分与の対象とならない資産があることがわかりました。株式の配当収

入だけでも毎年かなりの額があり、自宅不動産も分与の対象となるものではありませんでした。

離婚はやめた！

　一覧表を基に、私がこれは財産分与の対象、これは対象外ですと説明していると、依頼者の顔色が変わってきたのがわかりました。最後には、「私は夫のモラハラを30年以上も耐え忍んで、離婚してもらえるものはたったのこれだけなんですか！」と嘆いていました。たったのこれだけと言っても、相当な額になることは間違いないのですが、それでも夫のもとにとどまる財産を考えたら、こちらとしても何も言えない状況です。

　依頼者は、「これ旦那が死んで、相続になったら私と子どもで全部分けることになるんですよね？」と聞いてきたので、こちらも「原則そうなりますね、遺言とかで他の方へ遺贈されない限りは……」とお話しました。

　すると依頼者は、「あと少し耐えればいいだけですよね。これだけ耐えたのだから、あと5年や6年なら耐えられます。旦那もそう長くはないし……」と言って離婚をするのをやめました。

　結局、財産分与と相続で天秤にかけ、相続をとる形となりました。離婚についても、夫婦として歳月を重ねるにつれ考慮する要素が変わってくるものなのだなと考えさせられた相談となりました。

> **ワンポイントアドバイス**

離婚後の生活を考える

　高齢者の離婚については、通常の離婚事案でもそうですが、将来の生活設計についてきちんと見通しが立っているのか、弁護士として確認しておくことが重要です。高齢者の場合には、体力の低下に伴う様々な老後の不安（生活資金が足りるのか、介護はどうするのか、一人身となった場合の死後の諸々の処理・手続をどうすればよいのかなど）を抱えています。これら一つ一つを相談者と一緒に考え、本当に離婚をすべきなのか相談者に決断してもらうことが大切です。

Method 13 　中小企業の事業承継（株式集約型）

▶ **課題から逆算した事前対策が肝要**

——中小企業の事業承継にあたっては、親族に承継する、従業員に承継する、第三者に承継するなどの方策があり、それぞれスキームも遺言、信託、株式に関する規定の利活用、組織再編、ファンドの活用などさまざまである。ただし、その前提として、各中小企業の抱える課題を明らかにし、それを踏まえたスキームを検討しなければならない。中小企業の経営者の高齢化が進む中で、法的な問題は経営者が年を重ねていくほど山積し、解決が困難になりがちであるという現状を理解しておく必要がある。本 Method では株式がすでに経営者に集約されているパターン（株式集約型）の事業承継の体験談を取り扱う。

中小企業の重要性

　中小企業には、立ち上げた経営者の技術や手腕等によって経営が維持されている企業も多く、それらの技術等は大企業でも入手していない、獲得することが困難であるなど極めて高い有用性があることもまれではありません。例えば、その中小企業や経営者が有している特許、実用新案、意匠などの知的財産権、営業ノウハウ、取引先などが挙げられます。

日本の企業はほとんどが中小企業であり、中小企業の経営の維持が経済にとって極めて重要であることは否定できないでしょう。

経営者の高齢化、後継者不足から来る課題

ただし、経営者が高齢になる一方、少子化の影響もあり、経営者の後継者不足という問題も生じています。つまり、少子高齢化に伴い、中小企業の事業承継が社会問題となっているのです。事業承継を選択せず、廃業した理由として、子がいないこと、そもそも子に継がせないこと、適当な後継者がいないことを理由に挙げる企業もあり、第三者への承継（いわゆる中小企業M&A）や後継者育成は喫緊の課題とされています。それだけでなく、廃業するにしても、これまで経営に携わっていない親族がどのように廃業するのかというところも課題の1つとされています。

中小企業庁では「事業承継ガイドライン」、「中小M&Aガイドライン」などのガイドラインを策定、改訂し、課題解決に取り組んでいます。

中小企業の事業承継の問題点（高齢の問題）

中小企業が事業承継を行うにあたっても、問題点は山積しています。弁護士のもとに事業承継に関する相談が持ち込まれる場合は、経営者がかなり高齢になっているか、経営者が亡くなってからであることが多い印象があります。

前者の場合、すでに経営者が意思能力に何らかの問題を抱えていることが多く、法律行為を行おうとしても、成年後見制度を利用せざるを得ないことも多いです。また、当該高齢者のみが役員であり、株式を経営者のみが保有しているときには、事業を代行する役員の選任の問題が生じます。

逆に、経営者の意思能力に問題がなく、現役で活躍しているというよ

うな場合、そもそも経営者が事業承継自体に意識が向いていないことも非常に多いです。当該ケースでは、ある日突然、経営者が亡くなってしまい、相続人、親族、従業員が対応に右往左往することになります。

中小企業の事業承継の問題点（株式集約型）

　株式が経営者に集約されていたとしても、中小企業の多くは非公開株式であり、株式の市場価値の算定が難しいという課題があります。公認会計士や税理士に確認をとらず、安価に取引してしまうと無償譲渡、廉価譲渡と考えられ、株式の譲渡に課税の問題が生じることがあります。また、生前に有償で譲渡するにしても、その資金をどのように集めるかという問題もあります。この問題は、従業員に事業を承継させる際に顕著となります。承継させる従業員の教育、事業計画の策定などを行い、メインバンクやファンドの説明を求めていく必要があります。

　事業承継に相続を利用する場合には、対象となる財産が非公開株式のため、想定以上に相続税がかかる可能性もあります。親族への事業承継のための特別法（中小企業における経営の承継の円滑化に関する法律）の利用も想定されるところです。

他士業との連携も重要

　事業承継にあたっては、税理士、公認会計士などの税務・会計の知識は必須です。財産に登記・登録物件があれば、司法書士の力も必要となります。不動産の価格査定などは、不動産鑑定士の力も必要となるかもしれません。事業計画の策定などは中小企業診断士に企業の体力などを診てもらう必要もあるかもしれません。

　とにもかくにも、弁護士１人だけで完結させず、さまざまな士業の協力が必要となってきます。

> 体験談1

事業承継の手法選択

弁護士8年目　男性

支配権を維持したい現経営者と
確実に譲り受けたい後継者

　事業承継について後継者候補となるXさんから相談を受けました。Xさんの父親であるYさんが製造業のA社（株式会社）を経営しているところ、Yさんが高齢になっているため、Xさんへの事業承継の話が具体化しているとのことでした。なお、Xさんは、後継者候補として数年前にA社に入社して、A社で勤務していました。

　もっとも、XさんとYさんは、世代の違いもあり、A社の経営に関する考え方が食い違うことがありました。また、Xさんは父親としてのYさんにはあまりよい感情を抱いていなかったこともあり、親子としての関係は良好ではありませんでした。Xさんとしては、事業承継に際してYさんとの間でトラブルが生じるのではないか、又は、きちんと事業を引き継ぐことができないのではないかとの懸念を抱いていました。

　他方で、Yさんは、A社に対する強い思い入れもあり、自らが高齢となったために事業承継を進める必要があることは認識しながらも、A社の支配権を手放すことには強い抵抗がある状態でした。

遺言は撤回される可能性がある

　XさんとYさんとの間では、Yさんが遺言を書いてA社の株式をXさんに承継させる話が出ていました。しかし、遺言は撤回・変更が可能

である（Method2 体験談 1）ため、X さんとしてはこの方法は避けたいということになりました。

株式譲渡も考えられるけど……

　そこで、Y さんの生前に A 社の株式を X さんに譲渡する形で事業承継する方法を検討することになりました。株式譲渡は、遺言と比較すると事業譲渡の確実性が増すため X さんの立場としては望ましいと思えました。
　しかし、この方法には Y さんが難色を示しました。経営者が高齢となっても、会社に対する影響力を失いたくないとの思いから、生前に株式を手放すことを望まない例は珍しくありません。本件の Y さんとしても、A 社に対する影響力を維持したいとの思いがあり、株式譲渡の方法もとらないことになりました。

各手法のメリット・デメリットを考慮した方法選択を

　そこで、信託による事業承継を検討することになりました。
　例えば、いわゆる遺言代用信託を用いることによって、現経営者が委託者兼第一受益者となって受託者に株式を信託譲渡したうえで、議決権行使の指図権を現経営者に残すことによって、現経営者が影響力を維持することができます。そのうえで、現経営者の死亡時に、第二受益者とした後継者が議決権行使の指図権を取得する形で事業承継することができます。上記のとおり、遺言は撤回・変更が可能ですが、信託契約において、受益者の変更権を定めていない場合は受益者の変更を行うことができないのが原則となります（信託法 89 条）。また、いわゆる遺言代用信託の場合は、受益者を変更できるのが原則ですが、信託契約において受益者を変更できない旨を定めることで受益者の変更を防ぐことができ

ます（信託法 90 条）。

　本件では、信託契約により X さんと Y さん双方にとって安心できる形で事業承継ができました。

　本件では信託を用いましたが、遺言や生前の株式譲渡についてもそれぞれのメリット・デメリットがありますので、事案に応じて方法を選択することが重要です。

> 体験談 2

誰を後継者にするか

弁護士 7 年目　男性

当初の希望

　X 社のオーナー経営者である A さんから、自身が高齢となってきたことから子への事業承継を考えておきたいという相談を受けました。お話を聞くと、A さんには B さんと C さんという 2 人の子がいて、A さんとしては、自身が一代で会社を築き上げて発展させてきたという思いもあり、親族内承継（特に子への承継）を行いたいとの希望がありました。

後継者だけでなくさらに次期後継者を定めることも

　親族内承継を検討するところ、A さんの考えでは、C さんはあまり経営者に向いている性格ではなく、B さんを後継者としたいとのことでした。A さんとしては、後継者を B さんに確定させたうえで X 社に入社

してもらい、Bさんが経験を積んだ後で経営権を引き継ぐことがよいと考えて、方法としては信託による事業承継を検討することになりました。

　また、BさんにはDさんとEさんという2人の子（Aさんからすると孫）がいるとのことでした。Dさんはまだ未成年でしたが、Aさんとしては、将来はDさんがX社を継いでいってくれたら嬉しいと考えていました。信託では、後継者を受益者として定め、当該後継者が死亡した場合に次の受益者を定めておくことも可能です（信託法91条）。そこで、Bさんを後継者としたうえで、Bさんが亡くなってしまった場合はDさんを次の後継者とする形も考えられる旨をAさんに説明すると、Aさんは乗り気になっていました。ただし、信託の効力について30年の期間制限がある点には注意が必要です（同条）。

やっぱりいろいろ考えてみます

　しかし、その後、Aさんとの間での話が進まなくなり、しばらく時間が経った後にAさんから信託を設定することは取りやめたいとの連絡がありました。
　どうやら、Aさんとしては、もともとはX社への思い入れから親族内承継をしたいと考えていたところ、いざ事業承継を前に進めるとなるとBさん（やDさん）が後継者として適任かという点に不安が生じてきたようで、後継者について親族外の選択肢も含めてあらためて考えてみたいとのことでした。

後継者選びは難しい

　後継者選びは事業承継における一大テーマです。そもそもの話としてまず後継者が見つかるかという点から出発することもよくあります。
　親族内承継の場合は、後継者の選定を比較的短期間で行うことができ

る点や、事業承継を見越して早期から後継者教育を行うことができる点、社内や取引先の賛同を比較的得られやすい点にメリットがありますが、親族内に適任者がいない場合や後継者候補者に断られるケースもあります。

そのような場合には、親族外承継を検討することになります。例えば社内の役職者に承継させる場合は、事業内容を把握していることから円滑に承継できるメリットがあることや、取引先の反発が小さい傾向がありますが、後継者候補者が株式取得等の資金を準備する点にハードルがあります。また、社外の候補者を探す場合には後継者の選択肢を広げることができますが、この場合は取引先との関係に配慮する必要が生じることがあります。

それぞれの特性を考慮しながら後継者選びを行うことになります。

本件は、当初、後継者選びについて特段の問題がないと思われたところ、具体的な話を進める段階でその点に懸念が生じてストップした事例であり、後継者選びの重要性や難しさを感じた一件でした。

ワンポイントアドバイス

経営者の早い決断が重要

２つの体験談では、信託契約を利用し、親族へ会社の株式を受け継がせることで事業の承継を進めていました。ただし、信託契約は、文字どおり「契約」ですので、経営者に意思能力が必要となります。そのため、経営者の意思能力に問題が生じている場合には、契約の効力を争われるリスクがあったり、そもそも契約自体ができな買ったりすることもあるため、円滑な事業承継ができない可能性があります。同様の問題は、遺言であったとしても生じ得ます。

相続、遺言を利用して、親族に会社の株式を受け継がせることで事業

の承継を図る方法もありますが、遺留分という問題がありますので、その対策が必要となってきます。特に、中小企業の事業承継では、株式の価格が幾らなのかという争いもよく起こることから、いわゆる除外合意や固定合意（中小企業における経営の承継の円滑化に関する法律4条）を用いて遺留分を算定するための財産の価額から除外したり、価額を譲渡時の価額で固定したりすることなどの検討も必要です。ただし、除外合意や固定合意を検討するにしても、準備する書類が多く、手続に時間を要することを想定する必要があります。

　体験談2では、従業員への事業承継も検討事項に入ることになっていました。従業員に事業を承継させる場合には、その従業員への後継者としての教育や取引先との信頼関係の構築が求められてきます。株式を譲渡するにしても、従業員は相続人ではない第三者であることから、資金面をどうするかという問題が生じます。従業員に信用がなければ、金融機関からの借入れという方策もとれません。

　やはり、経営者が事業を承継させる場合には、経営者の早期の決断が今後の鍵を握ることになります。

Method 14 | 中小企業の事業承継（株式分散型）

▶ 集める前に、そもそも株式は誰が保有しているの？

——本 Method では、株式が経営者以外に分散している場合（株式分散型）の事業承継の体験談を取り扱う。株式が分散している場合、事業承継の一般的な手法では株式併合や種類株式の活用などの方法を用いて経営者に株式を集約することが想定される。しかし、中小企業の場合、株式に市場性がない（非公開株式である）ことも多く、また、誰が株式を保有しているのか（名義株、数次相続など）すらわからないことも多い。

中小企業の事業承継の問題点
（株式が分散している場合）

　中小企業の株主の構図として、株式が経営者に一極集中しているパターンと親族や友人・知人に分散しているパターンがあります。

　後者のパターンでは、旧商法の影響もあり、株式が分散してしまっていることがあります。平成2年改正前商法においては、株式会社の募集設立にあたっては発起人を7人以上にしなければならず（同法165条）、また、一株以上の引受けも必要でした（同法169条）。当時の経営者は、この発起人を集めるために、名前だけ貸してほしいと親族や友人・知人

に頼んでいることもままあり、この場合、株主名簿に当時の親族や友人・知人の名前が残っている状態で放置されていることがあります。いわゆる名義株の問題です。経営者が高齢になっている場合、株主らがすでに亡くなっていることもしばしばあります。そうすると、株主らの共同相続人間で株式が準共有状態になります（最一小判昭和45年1月22日民集24巻1号1頁〔27000747〕）。また、判例では、実質的な権利者に株式が帰属するとされており（最二小判昭和42年11月17日民集21巻9号2448頁〔27001017〕）、株式が誰の出捐で発行されているのかも重要なファクターになります。名前だけ貸していることが明らかであればよいのですが、そもそも誰がその株式について出捐しているのかすらもわからず、実質的な権利者である株主の特定も難しいことがあります。

　そのため、事業承継の課題解決にあたって、そもそも、一体誰に株式が帰属しているかの調査にかなりの時間を要することになります。

　そのほか、株券発行会社において株券不発行のまま株式が譲渡されている状況や、そもそも株主が不存在、不明になっている状況の問題もあります。

事前対策も重要だが……

　中小企業の事業承継にあたっては、高齢者の意思能力に問題のない早い段階から課題を見つけ出し、整理し、解決のうえ、生前対策や手続の履行を進めていくことが理想です。ただし、課題解決に乗り出したり、スキームを選択したりしても、税務の問題、会計の問題、登記の問題など弁護士だけでは一筋縄ではいかない問題も生じます。しかも、これらの問題は事業承継後に起こることもしばしばあります。クロージングも見据えた対策が必要となります。

体験談を疎かにするなかれ

　中小企業の事業承継において、弁護士の体験談は非常に役に立ちます。というのも、多くの公的機関が事業承継の支援や補助金助成を行っていたり、主に親族への事業承継のための特別法（中小企業における経営の承継の円滑化に関する法律）を制定していたりなど、あまり事業承継に精通していない弁護士にとっては、ガイドマップが乏しい分野であるためです。また、上述のように、事業承継では多くの士業の手助けも必要となってくるのですが、若手にとっては、その契機すらなかなか知ることができないのが実情かと思います。社会問題化している内容にもかかわらず、若手がなかなか手を出しにくいという悩みがあると思われます。正に「体験談を疎かにすることなかれ」です。

体験談1

株式が分散していて事業承継ができない！

弁護士8年目　男性

税理士「どう進めればいい！？」

　ある日、懇意にしている税理士から連絡があり、「事業承継の相談を受けたが、どのように進めたらよいかわからず、手伝ってほしい」との相談を受けました。詳しく話を聞いてみると、税理士が相談を受けた会社は、社長が高齢となってきたが、後継者がおらず、最終的にはM&Aなども含めて事業承継を検討しているとのことでした。しかし、株主名簿を見ると、数十人もの株主が存在し、株式が分散している状態で、困ってしまっている、とのことでした。

「従業員に持たせていた」

　早速、税理士にご紹介いただき、社長にお会いして話を伺いました。社長は大変気前がいい方で、従業員の方への心遣いが厚い方でした。社長との話の中で、なぜ株式が分散してしまったのかについて質問すると、社長は「会社の利益を還元したくて、従業員や懇意にしている取引先に株式を配分していた」と話していました。実情としては、株主となっていた従業員や取引先に対して、配当を支払うことで利益を還元するとともに、希望があれば株式を買い取っていたようでした。一方で、株主となった従業員の中には、すでに退職してかなり時間が経過しており、連絡がとれない方も存在しているようでした。

あまり時間をかけられない事情

　株式が分散している場合には、まず、話合いがしやすい株主に個別に交渉し、徐々に株式を集約し、株主数を減らしていくことが常套手段です。
　そのような話をしつつ、社長と進め方について協議をしたところ、社長は高齢が原因で入退院を繰り返しており、ご自身の体力に自信がないとのことで、事業承継を早急に進めなければならないとのことでした。そのため、株式集約にはあまり長い時間をかけるわけにはいかない状況でした。
　そこで、社長と協議をし、①株主全員に対し、一斉に株式取得の案内を通知し、期限を区切って個別買取を実施する、②残余の株主については、特別支配株主の売渡請求（会社法179条）の方法により、スクイーズアウト（強制買取）を実施する、という二段階の方法で、株式の100％集約を目指すことにしました。

検討事項1「株価」

　まず、株式の集約を目指すためには、株主に対し、どのような「株価」を提示するかを検討しなければなりません。

　特に、未上場の会社においては、市場における株価はありませんから、さまざまな観点からの株価算定方法（詳細は省きますが、例えば、税務上の株価として相続税法上の財産評価、会計上の株価として、時価純資産法やDCF法などがあります）が存在し、株価が複数存在します。一方で、実際の株式売買においては、買手はできる限り安く買いたいと思いますが、売手はできる限り高く売りたいと思うのが普通です。したがって、個別の株式取引においては、専門的な株価算定による株価を目線としつつも、さまざまな事情に基づいた交渉によって最終的な株価が決定されます。

　本件で買手となる、社長も、できる限り低い金額で買い取りたいという希望を有していました。しかし、100％の集約を目指すためには、スクイーズアウトを実施する必要があり、その際の株価は「公正な株価」（会社法179条の8第3項、182条の5第5項など）とされています。要するに、強制的に株式を買い取る以上、できる限り株主にとって不利にならない株価を設定する必要が生じる、ということです。その場合、会社（あるいは社長）ができる限り低い株価で買い取りたいと思っても、交渉の余地はありません。

　本件を進めるうえで、社長に対して株価に関する上記のような考え方を丁寧に説明しました。社長は、最終的に株式集約の実現を優先するということで納得したようでした。

検討事項2「紛争リスク」

　次に、最終的に株式の100％集約を目指すうえでは、スクイーズアウトが避けられなかったことから、株主との間でどの程度紛争が生じるリ

スクが生じるかを検討する必要があります。

　スクイーズアウトは、株主の意思に基づかずに買取りを実現する手段ですから、手続上、株主には不服申立の手段が設けられています。その手段は、大きく分けて①手続自体の差止め、無効・取消し、②株価に関する不服申立、の二種類ですが、特に、②の株価に関する不服申立については、株価に関する考え方が複数存在する以上、容易には避けられない紛争です。

　しかし、一度紛争が生じてしまえば、当事者が抱える負担は甚大ですから、スクイーズアウトを実行に移す際には、株価に関して不服を述べるような株主が登場する可能性がないかどうかについて、ぎりぎりまで見極める必要があります。

　本件においては、社長自身、争うような株主に心当たりはないとのことでしたが、最終的に紛争になる可能性についても覚悟をしているとのことでした。一方で、スクイーズアウトの実行前に、株主へ買取打診を行うことから、その段階で紛争が生じる可能性があるかどうかを見極めることとしました。

手続を実行するうえで生じたこと

　まず、株主へ株式買取の案内を行う段階においては、弁護士に対してさまざまな問い合わせが生じました。その中で、特徴的だったのが、「株主は父親だったが、相続が生じておりどうしたらよいか」という相談が多いということでした。未上場株式の株主の多くは、株主名簿の書換手続どころか、相続手続自体も行っていない場合が多いと思われます。このような相談については、遺産分割協議書のひな形など必要書類を案内し、売買手続とあわせて進めてもらうこととしました。

　また、株式買取の案内を送付しても返信がない、あるいは住所が変わっているなどの理由で届かないという株主も散見されました。その場合には、やむを得ずスクイーズアウトの手続によって集約し、売買代金

を法務局に供託することで解決することとしました。
　一方で、懸念されていた紛争リスクについては、問い合わせがあった株主の皆さんは総じて協力的で任意に買取りに応じる方が大部分であり、紛争リスクは低いことがわかりました。

株式集約の実現

　その後、社長が特別支配株主の売渡請求を行いましたが、残余の株主から特段の不服申立は行われず、同請求の効力発生とともに株式の集約が実現しました。
　集約実現後、社長に話を聞くと、株の集約は半ばあきらめていたそうですが、長年の懸案が解消して前向きな考えができるようになったとのことでした。その会社は、今ではM&Aを行い、事業の承継を実現しています。
　巷では、株式が分散している会社は多く存在し、事業承継を行いたくてもあきらめてしまっている事例が少なからずあります。株式集約において、スクイーズアウトまで実行する場合には紛争リスクがあることは否定できませんが、紛争リスクを適切に管理し、株式の集約を実現すれば、困難と思われていた事業承継が実現できる場合があることは、無視できない話だろうと思います。

> 体験談2

意外とありがち名義株

弁護士10年目　男性

実は名義上の株主がいまして……

　A社の代表取締役であるXさんから相談があり、Xさんが高齢となって事業継続が難しくなっているところ、親族に後継者候補が見つからなかったので親族外事業承継でB社にA社の全株式を譲渡したいとのことでした。
　ところが、A社では、設立時から名義上の株主（名義株主）が複数いて、現在もそのままになっており、また、設立以来、名義株主や名目的な取締役の手を煩わせないように株主総会決議や取締役会決議を開催していなかったとのことでした。

名義書換ができるのならば

　平成2年商法改正前は、会社設立の際に発起人が7人以上必要でした。その対応のために名義株主から名義を借りて発起人とする（実際の出資は実質株主が行う）ことが行われていました。経営者が高齢である場合は、会社設立が平成2年商法改正前であることも多く、名義株主が存在する例も見受けられます。本件でもCさん、Dさん、Eさん、Fさん、Gさん、Hさんという名義株主（以下、あわせて「本件名義株主」といいます）がいました。なお実際の出資はXさんが行っており、本件名義株主が議決権行使をしたことやA社から本件名義株主に配当を渡したことはなかったとのことでした。

名義株主の対応として、B社との間の株式譲渡契約書において、表明保証条項内でXさんがA社の全株式の株主であることを表明保証することも考えられました。もっとも、Xさんとしては、仮に株式譲渡後に名義株の問題が表面化した場合に、B社との間で紛争化することや、B社から表明保証条項違反の責任追及がなされることは可能な限り避けたいとの意向がありました。

　そこで、本件名義株主からXさんへの名義書換を行うことになりました。幸い、本件名義株主はXさんの経営者仲間等の近しい人たちであり、株主がXさんである旨の同意書の作成に応じ、名義書換を行うことができました（なお、Dさんはすでに亡くなっていましたが、相続人との間で同意書を作成することができました）。

決議がないのはどうするの？

　株主総会決議や取締役会決議がない点については、招集手続すら行っておらず、また、実際の開催も書面決議もないので不存在と考えられるものでした。株主総会の決議不存在確認の訴えは提訴期間がなく（会社法830条1項）、また、取締役会の決議不存在についても時間の経過により主張等ができなくなるものではないと考えられています。そのため、長期間が経過していたとしても、この点の問題が解消されるわけではありません。

　そこで、A社では、株式譲渡に先立って、株主総会決議や取締役会決議の追認決議を行うことを検討しました。

　この点について、そもそも現時点で株主総会決議や取締役会決議をやり直すことでどこまで追認することができるのか不明な点が残っていました。もっとも、上記のとおり本件では本件名義株主からXさんが株主である旨の同意書とともに名義書換に応じてもらっていることもあり、Xさんによる株主総会（又は全株主の同意）による追認が有効と考えられる可能性があると考えられました。そして、それを前提に取締役の選

任が有効であれば、現時点での取締役会による追認も有効となり得るものと思われました。そこで、株主総会決議及び取締役会決議について追認決議を行いました。

株式譲渡契約への反映は？

　AさんとB社との間では、株式譲渡契約書において、株主総会決議や取締役会決議の不存在によりB社に損害が生じた場合にAさんがB社に対して補償する旨の条項を入れるか否かの話が出ていました。もっとも、上記の追認決議の経緯もあり、本件では当該条項を入れることなく株式譲渡契約書を締結することができました。
　創業経営者が高齢となっている場合、会社設立当初からの問題点が残っていることがあり、また、時間が経っていることから、解決が困難であることや、解決のために通常以上の手間や時間を要する例もあります。本件ではうまく解決することができて、ホッとする思いでした。

ワンポイントアドバイス

紛争のリスクを見定めて、抑え込む

　体験談にもあるように、株式会社の設立にあたっては、平成2年改正前商法では7人の発起人が求められており（同法165条）、かつ、1株以上の引受けも必要であった（同法169条）こともあって、友人や知人に名義上株主になってもらい、実際の払込みは経営者の支出でなされているケースがよくあります（いわゆる名義株の問題）。この場合、適法に株式集約の手続を進めようとしても、そもそも経営者の支出かどうかの証拠がない、株式の譲渡も手続が履践されていない（特に、株券発行

会社における株券を発行しないままの譲渡などが散見されます)、株主名簿が古い、あるいは現存しないために、株主総会の招集通知も届かない、あるいは届けられない、名義株主が死亡し、相続が発生していて株式が準共有状態にあるなど非常に数多くの課題があることは少なくありません。経営者の話を聞き、現存する証拠と照らし合わせながら、株主を探索していく、手続を履践していく必要があるのですが、どうしても限界があることも多いです。

　そこで、体験談2にもあるように、表明保証を用いて解決を図ることがあります。どうしても埋められない手続の履践や現在の状況が瑕疵のないものであることを表明保証で担保するという作業です。合わせて不提訴の合意もできると、(万能ではありませんが、)紛争リスクを減少させることができるかと思われます。

費用面にもご注意を

　2つの体験談の事例では協力的な方が多かったので問題にはならなかったのかもしれませんが、株式の集約は、寝た子を起こすと言いますか、何らかのトラブルを招来することがある手続であることは否定ができません。この場合、株式の現保有者が会社の経営に口出しすることはあまり想定はされませんので、株式を集約させる対象者がある程度の金員の支出することによって解決を図ることを覚悟しておいた方がいいことは、事前に説明が必要かと思われます。

　話合いでまとまらない場合には、訴訟や商事非訟による強硬策も視野に入れる必要があるでしょう。ただし、この場合であっても、最終的には株式を集約させる対象者が一定の金員を支出することは免れません。

　好意的な株主から株式を譲り受けるにしても、取引対価だけ着目すればよいのではなく、税務上の適正価格であるかどうかもチェックが必要です。詳細は省きますが、株式譲渡の場面では、財産評価基本通達における税法上の株式評価に基づいて株価が算定され、課税内容が決まって

きます。安く譲り受けたから得をしたとは言い切れない場面もあるのです。

Method 15 | 終活

▶ **適切な終活により紛争を防ぎ、円滑な相続につながる**

——主に高齢となった方が自身の人生を終える準備をするための活動として、終活を行うことが増えている。

終活では墓の用意や葬儀の準備等もあるが、相続への備えが主要な事項の1つとなる。

弁護士として遺言の作成といった形で終活に関わることもあるが、相続発生後の相続紛争や手続上の不具合を通じて終活の注意点に気づかされることもある。

財産をまとめてみよう

相続が発生した場合に相続人が困ることの1つとして、遺産がどこにどの程度あるかわからない場合があります。

自宅不動産や公共料金の引渡しに用いている金融機関の口座等は相続人として把握しやすいといえますが、金融機関の口座についてはオンラインによる口座管理への移行が進んでおり、通帳や金融機関等の郵便物がない場合もあります。ネット証券で運用している株式・投資信託やウェブ上で運用している収益コンテンツ等も、相続人による把握が困難

である場合があります。

　そこで、高齢者が終活をする際には、自らの財産を洗い出して、その所在（オンライン上のものについてはIDや管理番号等）や金額等をまとめておくことが有用です。その際に、負債がある場合はあわせてまとめておくことが必要です。

遺言を作成しておくことも

　また、終活の際には遺言の作成が行われることも多いです。終活において何を重視するかは人によって異なりますが、例えば、相続人（やその配偶者・子）が面倒を見てくれたから報いたい意向がある場合等は遺言を作成することになりますが、相続人による遺産把握の負担が軽減できればよく、その後は相続人間の協議によることで紛争化する可能性が低いと考えている場合は遺言を作成しないこともあります（実務上は被相続人の思いとは裏腹に紛争化してしまう例も多々ありますが……）。

　いずれにしても、遺言の作成については、事案に応じてその要否や内容を検討することが必要になります。

> 体験談1

外国資産の処理は大変

弁護士12年目　男性

海外の財産をどうしよう

　AさんとBさんから、父親の相続についての相談がありました。父

親の配偶者はすでに亡くなっており、子はAさんとBさんのみでした。父親が高齢となっていたため、Aさんから父親に対して終活を進めた方がよい旨の話をしていたようですが、終活を十分に行う前に亡くなってしまったとのことでした。

遺産には海外の財産が含まれていることから、どのように相続の手続を進めればよいのかわからないというのが相談の趣旨でした。なお、父親が海外の財産を保有していたのは資産を分散保有するためで、父親は日本国籍であり、父親が海外に居住したこともありませんでした。また、父親の遺言はありません。

準拠法は日本法だけど……

本件における準拠法を確認すると（Method2 体験談2も参照）、法の適用に関する通則法36条によると相続は、被相続人の本国法によることになります。父親が日本国籍であることから準拠法は日本法が適用されることになります。

もっとも、父親の財産には米国の不動産が含まれていました。米国の不動産の相続は、プロベイト（Probate）と呼ばれる手続が必要となる可能性が高く、現地で手続が必要となることが見込まれました。プロベイトを経る場合のデメリットはいくつかありますが、主要なものとしては、時間がかかること、現地の弁護士費用が高額化する傾向があることが挙げられます。

米国のプロベイトは、州による違いはありますが、遺言書の作成や信託の設定により回避できる場合があることはわかりました。しかし、父親としては、米国の不動産の相続についてそのような手続を要することになるとの意識がなかったようで、特段の対策をしていませんでした。

そのため、AさんとBさんを現地の弁護士とつなぎ、対応してもらうことになりました。

出口戦略としての終活

　上記の米国の不動産の他にも、外国の金融機関の預金につき、残高情報が速やかに開示されず、相続開始日の翌日から10か月以内に行うべき相続税の申告に際して遺産額をどのように計算するかという点で税理士さんとともに対応に悩むこともありました。結果的に口座管理がオンライン化される前の郵便物から残高を推測することができ、その数字を用いて対応することができました。

　遺産として外国に財産があると、国内財産の場合と比べて相続手続に相当の時間や多額の費用を要する事態になりかねないことや実務上の困難が生じ得ることを実感しました。

　外国に資産を有することは、分散投資等の観点から有用な面もありますが、出口戦略について意識している方がそれほど多くないように見受けられます。外国資産の出口戦略にはいろいろな形があると思いますが、終活において外国資産を処分・売却することや遺言を作成しておくこと等も出口戦略の1つとなり得るように感じました。

体験談2

「終活」と一口にいうけれど

弁護士9年目　男性

「母は終活してました」

　Aさんは、高齢となった母親と同居し、面倒を見ていました。母親にはAさんの他に子Bさんがおり、夫はすでに死亡していました。

　Aさんによると、母親は遺言こそ残していなかったものの、終活の

一環として自宅土地建物の登記書類や預金通帳を1か所にまとめており、死後の心配はしていなかったということでした。

　AさんとBさんが母親の死後に遺産分割について協議したところ、Bさんが、母親の預金通帳から生前に複数回に分けてまとまった金額の引出しがあることと、毎月一定額の引出しがあることを発見しました。Bさんはこの引出しについて、Aさんが勝手に引き出して自分のために使ったものと考えて、遺産分割の協議が調わず、紛争化してしまいました。Aさんからはそのタイミングで相談を受け、代理人としてまずはBさんと交渉することになりました。

引き出した分をどうしたか

　このような被相続人の預金からの引出しについては、いくつかの場合があります。

　まず、そもそも同居親族が引出しに関与していない場合があります。Aさんについても、母親がまだまだ元気だった頃の引出しについては母親が自分で預金からの引出しを行っており、Aさんが関与していないことをBさんに対して伝えました。

　次に、同居親族が引出しを行ったものの被相続人の（事前又は事後の）承諾があった場合もあります。

　例えば、預金を引き出したのは同居親族ですが、被相続人本人に渡していた場合もあります。Aさんは、母親の足が悪くなってからは母親の代わりに預金を引き出すことがあったとのことですが、例えば親族の結婚祝いや新居の新築祝いについては、Aさんがまとまった金額を引き出して母親に渡し、その後、母親からお祝いする相手に手渡す等をしていたとのことでした。

　また、同居親族が預金を引き出したものの、被相続人のために引き出した分を使っていた場合があります。Aさんは毎月母親の生活費相当額を引き出し、食材や日用品の購入に充てていたのでその点も主張しま

した。

　なお、同居親族が預金を引き出しているものの、被相続人からその金額について贈与されている場合もありますが、Aさんについてはそのような引出しはありませんでした。

証拠がないものの何とか解決

　このような主張をしたのですが、母親が預金の引出しについて同意していたことについての書類やメール等はなく、また、食材や日用品の購入についても日常のことであり領収書やレシートが残っていませんでした。BさんはAさんの説明に納得せず、家庭裁判所の遺産分割調停にもつれこみました。
　生前の預金からの引出しがなされた分については、法的には不法行為に基づく損害賠償請求権又は不当利得返還請求権と整理され、遺産ではないと考えられています。
　そのため、この点は原則としては遺産分割調停ではなく、地方裁判所における民事訴訟で解決することになります。もっとも、遺産分割調停において、預金からの引出し分も含めて、全体としてまとめて解決することに相続人全員が同意する場合には遺産分割調停で解決できるとされています。
　本件ではAさんは、高齢の母親と同居して面倒を見ることの一部として預金の引出しについても行ってきたのに、別居して気ままに暮らしていたBさんから今になってその点について争われることに納得できない思いがありました。もっとも、Aさんとしては、紛争が長引いてしまうことや場合によっては訴訟に発展することを避ける観点から、調停でまとめて解決することとしました。Bさんは生前の預金からの引出しについて全額を反映させることを主張しましたが、こちらとしては間接的な証拠を提出しながらその点には応じず、一定額を反映した調停を成立させ、解決に至りました。

なお、寄与分については主張していましたが、Aさんとして早期解決する観点から、寄与分の主張に固執しないこととし、寄与分なしで調停が成立しています。

終活でどこまでやるべきか

母親本人としては終活を行っていたという認識だったと思われますが、AさんとBさんとの間で相続に関する紛争が生じることになり、母親も望まなかったであろう結果となってしまいました。

結果論かもしれませんが、終活で財産をまとめるだけでなく、遺言を作成して付言事項においてAさんの貢献について記載することや、遺留分を侵害しない範囲でAさんとBさんとで相続分に差をつけることも考えられたところですし、預金からの引出しについても確認書類を母親とAさんとの間で交わしておくことも考えられるところでした（この点について有効性が争われる可能性もありますが）。

また、相続人にとって他の相続人が不当に得をしているように見える一方で、実情を知るとそうではないとわかることは相続案件を扱っているとよくあります。終活の一環として、被相続人から相続人に対して自身の相続に関する考え方を各相続人との関わり方も踏まえたうえで話をしておくことが、紛争の予防のために有用ではないかと感じました。

> ### ワンポイントアドバイス

終活は財産に関する話だけではない

終活として、財産をまとめておくことや、遺言を作成しておくことが重要であることはもちろんです。相続人にとって相続手続が大きな負担

となる財産（海外財産等）については、終活の一環として生前に処分等をしておくこともあります。

　もっとも、高齢となり終活を検討する方にとっては、残される相続人間の関係が可能な限り円満であることも重要です。遺言の付言事項において被相続人の思いを記載することが相続人間の紛争の予防に資する場合もありますが、むしろ生前に相続人に対して被相続人の考えを伝えておくことが相続人の納得につながる場合もあります。終活を進める方に対しては、（必ずしも法律論ではありませんが）このような観点も加味したアドバイスをすることも有用といえます。

Method 16 | 介護施設内事故・医療事故

▶ いろいろなハードルがあるので、慎重に検討して事件の見通しをたてよう

――高齢者が被害者となる介護施設内事故・医療事故の事案では、事故の態様に加え、事故と死亡との因果関係・素因減額がよく争点となる。代理人は医学的機序・素因減額の対象となる疾患が被害者にないか等について十分な検討をすべきである。

高齢者が被害者となる事故でよく争点になること

　高齢者が被害者となる介護施設内事故・医療事故の事例は多いのではないかと思います。

　高齢者が被害者である事故において介護施設側もしくは医療機関側がよく行う主張は、もともと状態が悪かった（寿命が近かった）ので事故と死亡との間に因果関係はない、因果関係が認められるとしても、もともと状態が悪かったので素因減額が認められるというものになるかと思います。

　特に素因減額については裁判所から因果関係が認められないとの主張

しかしていない被告に対して、素因減額の主張はされないのかと釈明がなされることもあります。

そもそも事故の態様がわからない……

　介護施設内事故に特有の問題としてはそもそもどのように事故が発生したのかがわからないということがあります。高齢者の方は痛みを感じにくくなる傾向にあるとも言われ、事故が起きてからしばらく経過してから骨折が判明するということもあります（そもそも気が付かなかったこと自体が問題であるとも言えますが……）。
　介護施設側が責任を認めて裁判によらずに解決できればよいのですが、被害者側の代理人は、訴えを提起する場合、事故の態様がはっきりしないため訴状を書くのにも一苦労となります。
　この場合は協力医から意見を聞くなどして傷害の内容・程度から事故の態様を推測して訴状を作成するしかないのではないかと思います。

死亡との因果関係について

　高齢者の被害者が死亡している事案では、死亡との因果関係が争点になります。
　死亡との因果関係が認められるかについては被害者の事故時における身体状態、医学的機序を個別に検討していくしかありませんが、介護施設内事故で被害者が大腿骨を骨折するなどして死亡に至った事案では、被害者側代理人は被害者が廃用症候群になっていなかったのかに注意を払う必要があります。
　廃用症候群とは過度の安静によって生じる病態のことで、「過度の安静によって単に筋萎縮や骨萎縮をきたすのみならず、皮膚の萎縮や褥瘡、心拍出量の低下や起立性低血圧、誤嚥性肺炎や肺換気障害、深部静脈血

栓症、食欲低下や便秘、尿路結石や尿路感染症、抑うつ状態や認知障害など、局所的にも全身にわたっても、様々な症状が現れる」（椿原彰夫編著『PT・OT・ST・ナースを目指す人のためのリハビリテーション総論—要点整理と用語解説〈改訂第4版〉』診断と治療社（2023年）15頁）とされています。

例えば、死亡診断書において直接死因が誤嚥性肺炎となっていた場合には骨折→廃用症候群→誤嚥性肺炎→死亡の可能性がないのか被害者側代理人は検討すべきです。

損害額が減額となる理由

高齢者が被害者となる介護施設内事故・医療事故の事例では素因減額の有無・割合がよく争点になるかと思います。

この点について被害者の疾患について素因減額を認めた判例（最一小判平成4年6月25日民集46巻4号400頁〔27811611〕）は「被害者に対する加害行為と被害者のり患していた疾患とがともに原因となって損害が発生した場合において、当該疾患の態様、程度などに照らし、加害者に損害の全部を賠償させるのが公平を失するときは、裁判所は、損害賠償の額を定めるに当たり、民法722条2項の過失相殺の規定を類推適用して、被害者の当該疾患をしんしゃくすることができるものと解するのが相当である」と判示しており、前提として素因減額が認められるためには、被害者に対する加害行為と被害者のり患していた疾患とがともに原因となって損害が発生したことを要することに注意が必要です（抽象的に身体状態が悪かったと主張しても素因減額は認められないかと思われます）。

もっとも被害者の身体状態では何年も生きれらなかったと判断される場合には死亡慰謝料や逸失利益が減額されるということになるのではないかと考えられます。

体験談1

介護事故における損害賠償請求訴訟

弁護士8年目　男性

送迎車から降りる際の転倒事故

　介護施設に通所していた高齢者の男性(事故当時88歳)が、送迎車から降りる際に転倒し、大腿骨を骨折した事案の依頼を受けて被害者の遺族の代理人として介護施設に対する損害賠償請求訴訟をしたことがありました(なお被害者は事故から約1年半後に亡くなっています)。
　被告は降車の際によく被害者を見ていなかったことは認めており、基本的に過失は争っておらず、主な争点は死亡との因果関係、素因減額の有無及び割合でした。

大腿骨骨折と死亡との因果関係

　原告は、大腿骨骨折によって過度の安静を余儀なくされたために廃用症候群となり、廃用症候群が原因で尿路感染症となり、尿路感染症が心不全を増悪させて死亡に至ったとの主張を行いました。
　そもそも事故から約1年半後の死亡であること、いくつかの因果の経過を経て死亡に至っているため、立証は容易ではありませんでしたが、カルテや死亡診断書の記載、文献(廃用症候群が尿路感染症の原因となることは文献にも記載があります)等に基づいた主張立証を行い、裁判所からは大腿骨骨折と死亡との間に因果関係は認められる旨の心証が示されました。

素因減額が認められることを前提としての和解

　被告からは被害者がいくつもの持病を抱えており、身体状態がもともと悪かったから素因減額が認められるべきであり、その割合も大きい旨の主張がなされました。

　実際いくつも持病を抱えていたのは事実であるため（高齢者であれば、ある程度の持病を抱えているのは普通ではないかと思います）、素因減額が一定程度認められるのはやむを得ないとは思っていましたが、歩いて病院を訪れている旨のカルテ記載や居宅介護サービスの記録に基づいて被告が主張するほど身体状態は悪くなかった旨の反論は行いました。実際に歩いている様子が映っている動画があれば裁判官にもわかりやすいと思ったのですが、そのような動画はありませんでした。素因減額の主張反論においては介護事故前の身体状態が問題となりますので、介護前の状態が客観的証拠として残っているとよいのですが、介護事故が起こることを想定してそのような証拠を残しておくことは基本的にあり得ないので介護記録等を基にできる限り根拠を示しながら反論していくということになると思います。

　裁判所からは尿路感染症の原因としては廃用症候群のみならず持病の前立腺肥大症も挙げられる旨（2つの原因が相まって尿路感染症を発症した）の心証が示され、裁判所による和解勧試もあって最終的に損害額から45％を減額しての和解成立となりました。

高齢者の死亡事故はハードルが高い……

　高齢者の骨折が死につながることはある程度認知されるようになってきているのではないかと思いますが、高齢者の大腿骨骨折と死亡との間の因果関係を認めてもらうにはその医学的機序をできる限りわかりやすく主張する必要があるため、容易ではありません（医学的機序の立証という点では医療訴訟における因果関係と同じような立証になるかと思い

ます）。

　因果関係の壁を乗り越えても、高齢者であれば万全な身体状態の方は多くないですから、今度は素因減額の反論が待ち受けています。

　法律論としてそうなってしまうのは理解できるのですが、高齢者の損害額は減額されて当たり前となってしまっているような現状があるようにも思え、特にご遺族の方はなかなか納得し難いのではないかと思います。

> 体験談 2

軽微事故ほど闇の中へ……
意思疎通困難な高齢者に対する軽微事故の損害賠償業務の困難さ

弁護士 4 年目　男性

事案の概要

　依頼者 A さんは、親の B さんの介護をしている方でした。B さんは、意思疎通困難な寝たきりの状態でした。A さんは、日中は仕事に出ないといけないため、デイサービスを利用して、B さんを通所の形で施設 C に預けていました。

　ある日、B さんはどうも苦悶の表情を浮かべていました。どこかに痛みがあるようなそのような表情でした。チェックしてみると下肢に水膨れがあり、これが痛みの原因のようでした。訪問診療の意思に診てもらうと、何か高熱のものに接触した火傷であることが判明しました。

　調査をした結果、施設 C での介助中に B さんを入浴させていた際に風呂の熱源に患部が接触したために発生した傷害であろうと推測されま

した。ただ、施設側も当初は原因不明と割り切っており、後々になってそのようなこともあったかもしれないなどと煮え切らない対応をしていたようです。結果的に、施設Cが施設側の責任であることを認めたためにその賠償交渉を行うとのことで私が委任を受けることになりました。

意思疎通困難な方の傷害部分の損害賠償業務の難しさ

このケースでは施設側が責任を認めていたため、単純な賠償交渉で済んだのですが、Aさんの話を聞いたり、実際の交渉を行ったりする中で、以下のような難しさがあるなと感じました。

原因の特定の難しさ

施設内での事故の場合、事故の程度が大きければ当該施設内で発生した事故であること自体は調査も比較的容易であり、施設側も否認してくることは少ないかもしれません。しかし、事故の程度が小さければ原因にすら気づかず、対象者が何かが原因で苦しんでいるということしかわからないため、対応が遅くなりがちです。対象者が我慢強ければ強いほど、事故は見逃されてしまう可能性があります。仮に気づいたとしても、いつ、どこで、誰が、どのように、その結果を生じさせたのかが対象者本人から語られることはないため、被害者側からは施設側に対する的確な追及が難しいです。そのため、原因の特定までに時間を要しかねません。その間に施設側で証拠が散逸、改ざんされることも想定されます。

費用面の問題

　施設内の事故でその事故の程度が小さく、傷害が軽い場合には、死亡事故や重度の後遺障害を負わされた事故と比較して、獲得が見込まれる賠償金額は少なくなる傾向にあります。

　交通事故と異なり、施設内事故は事故の証明書が発行されることはありません。そのため、施設の保有する資料が重要な証拠となるのですが、その開示を求めるには証拠収集のための費用面の問題もつきまといます。

　また、裁判例を通覧すると、死亡事故や重度の後遺障害を負ったケースが多い一方、傷害の程度が小さい裁判例は極めて少ない傾向にあります。やはり費用対効果の関係で裁判まで踏み込めないことが想定されるところです。その結果、交通事故のような損害賠償額の算定基準は確立されにくいと思われます。そうなると賠償額の適切な指標がないため、賠償交渉でも双方が互譲できる賠償額に至りにくく、交渉は難航します。裁判というカードが切りにくく、算定基準も確立されたものがなく、安い提示を甘受させられることも想定されるところです（私のケースでは、交通事故で用いられている損害賠償額の算定基準を参考に協議しましたが、施設側とは基準そのものから折り合いはなかなかつきませんでした）。

最後に

　介護事故の相談があった際は、まずは事故原因の特定、損害額の算定（及び因果関係）、いずれの要件においても、安易に見通しは立てられないということを認識しておく必要があると思います。

> ワンポイントアドバイス

高齢者の被害者側の代理人となる場合には見通しをよく説明する

　高齢者の被害者側の代理人となる場合には、高齢者の場合、そもそもの事故態様の特定が困難となる場合があること、そして介護施設内事故ないし医療事故と死亡との因果関係は容易には認められないこと、因果関係が認められたとしても素因減額等により損害額が減らされてしまう見込みが高いことを事前によく説明しておいた方がよいかもしれません（代理人としてはかなり頑張って結果を出したつもりでも、依頼者の方は請求額よりも随分減額されたと思われてしまうこともあり得ます）。

　特に素因減額は被害者に落ち度があるわけでもないのに過失相殺の規定（民法722条2項）を類推適用して損害額を減額するものであるため、被害者側としてはなかなか納得し難いものであることに留意が必要かと思います。

□ 高齢者施設の違い

　高齢者が入所する施設の種類は、要介護状態か自立状態かの区分、公的施設か民間施設かの区分により、大きく4つに分けられます。

　要介護状態の高齢者向け公的施設として、特別養護老人ホーム（いわゆる特養、老人福祉法20条の5）、介護老人保健施設（いわゆる老健、介護保険法8条28項）、介護医療院（介護保険法8条29項）等が挙げられます。特養は、原則として要介護度3以上の高齢者を対象に、入所者の在宅復帰を目的として身体介護中心のサービスを提供する施設です。老健及び介護医療院は、原則として要介護度1以上の高齢者を対象にしていますが、前者は在宅復帰を目的としたリハビリ中心のサービスを提供する施設で、後者は長期療養と介護支援中心のサービスを提供する施設という違いがあります。

　要介護状態の高齢者向け民間施設として、介護付き有料老人ホーム（老人福祉法29条1項）、認知症対応型共同生活介護施設（いわゆるグループホーム、老人福祉法5条の2第6項、介護保険法8条20項）等が挙げられます。介護付き有料老人ホームとグループホームは、介護や看護に加えて生活支援等のサービスを提供する施設ですが、前者は原則として要支援1以上の高齢者を対象に、後者は原則として要支援2以上の認知症高齢者を対象にしています。

　自立状態の高齢者向け公的施設として、養護老人ホーム（老人福祉法20条の4）、軽費老人ホーム（いわゆるケアハウス、老人福祉法20条の6）等が挙げられます。養護老人ホームは、環境上及び経済的理由によって居宅において養護を受けることが困

難な高齢者を対象として、日常生活の支援等のサービスを提供しています。ケアハウスは、身体機能の低下等により自立した生活を営むことが不安と認められ、家族による援助を受けることが困難な高齢者を対象として、食事の提供や生活支援といったサービスを提供しています。なお、ケアハウスには、一般型と介護型が存在し、後者の場合には介護サービスも提供しています。

　自立状態の高齢者向け民間施設として、有料老人ホーム（老人福祉法29条1項）、サービス付き高齢者向け住宅（高齢者の居住の安定確保に関する法律5条）、等が挙げられます。有料老人ホームは、施設によって提供するサービスが異なりますが、基本的に生活支援や食事の用意といったサービスが提供されます。サービス付き高齢者向け住宅は、施設職員による訪問や生活相談といったサービスに加え、施設が連携する事業者が実施するサービスを利用することができる施設です。

　これら以外に、高齢者が通う型でサービスを提供する施設としては、老人デイサービスセンター（老人福祉法20条の2の2）、老人福祉センター（老人福祉法20条の7）等があります。

Method 17 死後の事務処理

▶ 人生の思い出整理人

――高齢者が亡くなった場合、同居人がいなければ、法定相続人や生前に委任を受けた弁護士が、死後の事務処理を行う場合がある。死後の事務処理を行うにあたっては、どのような留意が必要であろうか。

法定相続人が死後の事務処理に関与する場合もある

　法定相続人が、被相続人とつきあいが浅い場合には、法定相続人としては被相続人がどのような遺産（債務を含む）を持っているのかという点を、被相続人の自宅内などを確認して調査する必要があります。その場合、他の法定相続人がいるならば、遺産の隠匿が疑われないよう、誰が遺産の確認調査をするのかというコンセンサスを相続人間で得ておくとよいと思われます。体験談1は、疎遠となっていた妻の逝去後、妻の居所内の財産調査を行ったケースですが、他人の生活空間であるため、どこに何が保管されているのか、見当をつけるのが大変な事案です。一度ならず、複数回調査に行くことで、遺産調査の精度が上がる可能性があります。

弁護士として本人から死後の事務処理の依頼を受ける場合

　弁護士として、生前に死後の事務処理の依頼を受けている場合は、公正証書により委任契約書を作成し、具体的にどのような権限が与えられているのかを明記することが好ましいといえます。特に、各種手続や、費用の支払いの場面などで、相手方から権限を証することを求められる場合があるためです。なお、契約したとしても、万が一のことがあった場合に、連絡を受けられるよう、依頼者に対しては死後事務を任せている弁護士がいることを、周囲の方に伝えてもらうことも必要であると思います。

体験談 1

ごみ屋敷で発見した心の遺産

弁護士 10 年目　男性

相続の相談

　別居中の妻が自宅で死亡しているという連絡を受けたが、遺産を相続する権利があるのか、という相談を受けたことがありました。もう少し話を聞いてみると、依頼者は依頼者名義の小さな一戸建てに妻と一緒に暮らしていたところ、依頼者の女性関係を理由に依頼者が自宅を出たために20年ほど別居状態で、生活実態は不明であるものの妻はずっと1人で暮らしていたということでした。2人の間に子はおらず、妻には姉がいるということでした。

20年ぶりに自宅に戻ってみると……

　依頼者と私で自宅に戻ってみることにしました。すると、自宅はごみ屋敷となっており、足の踏み場も歩く隙間もないほど物が散乱していました。どうやら妻は、自宅の寝室ベッドで亡くなっていたそうで、しばらく妻が外出している様子がなく、ポストにも郵便物が大量に溜まっていたことを近所の方が心配に思い、警察に通報したようです。

　依頼者としては、この自宅を残しておく理由が全くなくなったので、任意売却して現金化したい、という考えに至りました。不動産業者からは任意売却するにも、ごみ屋敷であり、まずは自宅内の妻の私物を処分して、売却に耐えうる物件であるかを確認することを勧められました。

ごみ屋敷から発見された遺産

　依頼者はそれで納得はしたのですが、処分業者に相談したところ、自宅内の動産をまとめて処分することができるが、細かい金品などを選別することまでは責任が負えない、大事な金品などがあるなら先に自宅内を確認してほしい、ということでした。確かに、自宅内に遺産といえる金品がありそれを処分してしまった場合、相続放棄ができなくなってしまうリスクがあります。

　私と依頼者で自宅に再度向かったところ、ごみ屋敷の中から、500万円程の預貯金や500万円程度の株式の取引明細が発見されました他方、自宅に届いている郵便物を見る限り、債権の支払い督促などが届いている様子はなく、債務は特段存在しない様子でした。合計1,000万円超の遺産について、義姉との間で遺産分割協議をする必要が出てきました。

進まない遺産分割協議

　私は、妻の姉に対して、依頼者代理人として遺産分割協議を申し入れました。すると、「あなたの依頼者は、20年以上も妹を放置してきて、夫としての役割を果たしていないから遺産をもらう権利はない。また、自宅内にある遺産は全て見つけたという確証がないと、遺産分割協議には応じない。放置でいい」という強硬な言い分でした。確かに、義姉が怒るのも無理はありません。破綻している夫婦関係においては相続すべき権利がないという考えは、法的理屈は立ちにくいものの、感情論としては理解できるという、弁護士泣かせの言い分でもあります。

再度の自宅調査

　依頼者は、遺産分割を進めるためにもう一度自宅を調査したいと考え、私とともに再度自宅に向かいました。しかし、新たな遺産は見つかりませんでした。しかし、机の中の書類の束の一番下から、大きな封筒の中に入った大量の手紙と写真が出てきました。手紙を読んでみると、全て、依頼者が交際開始前から婚姻初期にかけて、妻に宛てて不定期に書いていたラブレターと2人が写っている写真でした。依頼者は、「そういえばこんなことを書いていたな」と感慨深い様子で口にしていました。完全に夫婦関係が冷め切っていると考えていたものの、妻が夫婦の思い出を大切に保管していたことに、言葉にできない感情を抱いていたように思います。

最終的に……

　再度の自宅調査の結果を報告したところ、義姉は、妹が大切に依頼者からの手紙や写真を保管していたことを知り、また、依頼者と私が誠実

に遺産調査を行ったことで、強硬な態度からやや軟化が見受けられたように思います。最終的には、しっかりと法定相続分による遺産分割協議が成立しました（なお、ラブレターと写真は、客観的には無価値物として遺産の範囲外とし、依頼者が自分で保管することになりました）。

　本件で私が弁護士として学んだのは、被相続人の私物整理は処分行為にあたらないように慎重な行動が求められるという点、強硬な協議の相手方もこちらの誠意次第で態度が軟化することもある、という点です。そして、本件ラブレターや写真のように、客観的には無価値でも、（一部の）相続人にとっては主観的に価値を見いだせるものが見つかる場合もあります。私物整理にあたっては慎重な行動を期すべきだとあらためて認識した次第です。

体験談 2

本当にあった死後事務の世界

弁護士13年目　男性

いつも相談にくるおばあちゃん

　そのおばあちゃんが依頼者として初めてうちの事務所に来たのが7年ほど前のことでした。その時は、旦那さんが亡くなり、相続財産の手続の件で相談に来られました。お子さんはおらず、相続人は、その依頼者と、旦那さんの弟のみでした。依頼は受けず、手続や協議方法等をアドバイスして終わりました。その後、依頼者は、不安なことがあると相談に来るようになりました。年に4～5回くらいは相談に来ていたと思います。初めての相談後2～3年ほど経った頃、依頼者が、「私の亡くなった後の一切をあなたに任せたいんだけど、どうしたらいい？」と相

談してきたのです。

戸惑う自分……

　そんな話を切り出され、まさか自分に財産を全部！？なんて邪な気持ちを抱いてしまったのですが、しっかり話を聞けば、依頼者には身寄りがなく（お子さんもいない、兄弟姉妹もいない）、相続人が誰もいない状況で、亡くなった後の残った財産を全て特定の団体に寄付してほしいこと、住んでいるアパートの処理や葬儀、諸々の解約手続や精算手続を行ってほしいとの依頼でした。もちろん、私は死後事務なんて話は聞いたことあるが、関わったことなどなく、事務所ですら対応したことがある弁護士はいない状況でした。相談を受けた段階からどうしたらいいのか、本当に戸惑いました。いざ、事務処理を始めるともっと戸惑うのですが……

まずは公正証書作成から

　いろいろな書籍を調べ、先輩弁護士からアドバイスを受け、寄付の部分については公正証書遺言、死後事務処理については公正証書で死後事務委任契約書を作っておいた方がよいことがわかりました（遺言や死後事務委任契約書を公正証書で作らなくてもよいのですが、処理をしていく中で公正証書で作っておいてよかったとつくづく感じました）。遺言については、私を遺言執行人に指定しておき、死後事務委任についても事細かく定め対応先が疑義を挟まない程度まで細かく書きました。寄付先の団体にも事前に相談しておき寄付対応の可否も確認しておきました。また、念のため任意後見契約書も作成しました。こちらは、依頼者は亡くなる直前まで頭がしっかりしていたので後見開始をすることはありませんでした。

死後の連絡ってどこからくるの？

　公正証書を作成し終わって、ふと、依頼者が万が一の時ってどうやって知るのだろう？とすごく気になりました。幸いなことに、依頼者は亡くなる直前まで元気で、デイサービスや訪問介護は最後利用していたが施設に入ることはありませんでした。亡くなる1か月ほど前に入院して最後は病院で息を引き取りました。依頼者からケアマネさんの紹介を受けていたので、最後の頃はケアマネさんや訪問介護の方と頻繁に連絡を取り合い状況を確認していました。恐らく、死後事務委任を受けている弁護士は、事前に任意後見契約も締結していると思うので、私と同じように、日頃ケアにあたっている方や施設から連絡を受けて亡くなったことを知ることになるのだと思います。

事務開始

　依頼者の悲報に触れ悲しむ間もなく、怒涛の手続がやってきました。死亡届の提出、葬儀社の手配、お寺の手配に納骨これらを1週間くらいの期間で全て行いました。その後は、各種行政手続、病院や訪問介護等への支払い、公共サービスの解約手続や精算手続を行いました。そして最後に借りていたアパートの解約手続と家の中の家財道具等の処理を行いました。手続を行うたびに、何の権限を持って手続を行っているのか確認を求められました。成年後見人になっていればもう少し処理が楽だったと思うのですが、今回は死後事務委任契約のみだったので、権限の疎明が結構面倒でした。
　最後、依頼者からは、自宅のものは全て処分して構わないと言われていたのですが、いざ自分が依頼者の生きていた証を物理的に消し去ってしまうのかと考えると何とも言えない気持ちになりました。自宅に飾ってあった依頼者と旦那さんがにこやかに写っている写真だけ私と依頼者の思い出としてもらいました。今でも、依頼者の命日には、その写真に

手を合わせて思いを馳せています。

ワンポイントアドバイス

慎重な遺産調査を

　体験談1は、ごみ屋敷と化していた住居から遺産を見つけ出すという事案でした。処分してよい財産の選別、遺産（債務を含む）の有無の調査については慎重な判断が求められます。また、客観的に経済的価値がある遺産のみならず、相続人にとって主観的な価値のある物が見つかる可能性もあります。事案によっては、遺産よりも主観的価値の高い物を廃棄したことで、トラブルになるケースも想定されますので、慎重に行動しましょう。

死後事務の権限を証拠化しておこう

　体験談2は、死後事務の受任から処理を行った1つの例です。いかなる場合においても、依頼者から具体的にどのような事務を受任していたのか、関係機関に説明できなければスムーズに事務は進みません。生前のうちに、公正証書などで、受任事務の具体的内容を明確化しておきましょう。

□ 死後事務委任契約とは

　死後事務委任契約とは、委任者が、受任者に対し、委任者の死後に関する事務について処理するように生前に合意しておく委任契約（又は準委任契約）です。対象となる者の死後の事務を処理することを目的としている点で遺言執行に似たものではありますが、実際は異なります。

1　要式に制限はない
　死後事務委任契約は、あくまで委任契約（又は準委任契約）なので、要式行為ではありません。そのため、委任者と受任者との間で死後事務に関する合意がなされることで、両当事者間で効果が発生します。書面は必須ではありません。
　しかし、委任者の生前の意思を明確にしておくために、契約書を公正証書化したり、委任内容の説明の場面を録画したりしておくことも有用です。

2　遺言事項の法的効力は生じない
　死後事務委任契約は、遺言ではないので、相続人の廃除や遺贈など遺言でしか効力を生じさせることのできない事項、いわゆる遺言事項の効力を生じさせることはできません。
　一方、死後事務委任契約は、契約ですので、委任者と受任者との間で法的な拘束力を発生させることができます。そのため、遺言事項ではない付言事項であっても、委任者と受任者との間で法的な拘束力を発生させることができます。
　なお、遺言が厳格な要式性を求めている趣旨からすれば、遺言と抵触する遺言事項を死後事務委任契約で規定した場合、死後事

務委任契約の当該規定は無効とされる可能性が高いです。遺言事項は遺言に規定し、遺言における付言事項に法的な拘束力を生じさせる場合には死後事務委任契約を締結するなど、それぞれの書面の役割分担が重要です。

3　幅広い事務の委任が可能であること

　死後事務委任契約は、委任者の遺言に反する内容であったり、公序良俗に反する内容であったりしなければ、幅広く死後の事務を受任者に委任することができます。

　委任者の葬儀の敢行を例に挙げると、委任者は、委任者の指定する葬儀社で、特定の宗教の教義に則って敢行してほしい、何回忌まで法要を行ってほしい、どの財産から支出してほしいなどの内容を受任者に委任することができます。ただし、事前に推定相続人などの親族、後見人、葬儀会社などの関係者との間で、委任者の要望を実現することができるのかは、十分な協議が必要です。

　高齢化社会に伴い、死後事務委任契約の有用性は高くなっているといえます。死後事務委任契約にあたっては、契約締結前の準備段階、契約締結段階、契約締結後委任者死亡前の段階、委任者死亡後の履行段階、事務の終結段階の各段階で生じる法的問題を分析しておくことが肝要です。また、推定相続人、後見人（予定者含む）、関係者などとの事前の調整も重要となります。

Method 18 | 空き家問題

▶ 早め早めの対応を!

――高齢化や人口減少が進むに伴い、空き家問題への対応が課題となっている。弁護士業務においても、空き家の処理がからむことは少なくない。

今は空き家でなくても……

　高齢者が1人で居住している自宅については、自身が亡くなった後は、空き家となる可能性があります。相続人として子がいたとしても、子が高齢者と同居して高齢者の死亡後もその家屋に住み続ける場合は別ですが、子が別の場所で生活基盤を構築している場合は、高齢者が居住していた家屋には居住しないことが多いといえます。そのため、今は空き家でなくても、その後に空き家となる可能性があることを考慮して対策しておくことが重要です。

空き家問題が生じた場合は迅速な対応を

　実際に空き家問題が生じた場合は、迅速に対応することが重要となります。空き家を放置すると、空き家の状況によっては倒壊や外壁の崩れ

等が発生する可能性があり、また、空き巣に入られる等のリスクもあります。

空き家について売却する等の処分を行う場合でも、放置されて活用が難しい又は空き家や敷地の活用のためには費用がかかるという状況になるとハードルが上がってしまいますので、早目の対応が重要となります。

体験談 1

相続放棄しても責任？

弁護士 4 年目　男性

家屋が倒壊しそうで……

兄弟であるAさんとBさんから、弟であるCさんが亡くなったことに伴う相続の相談を受けました。相談の趣旨としては、Cさんは自宅であった家屋及びその敷地以外の目ぼしい財産はないところ、Cさんが高齢となるまでずっと住み続けてきた当該家屋の状態が非常に悪く、倒壊しそうな状態になっているので、AさんとBさんが責任を負わなくて済むようにしたいとのことでした。

Cさんには配偶者や子はなく、両親はすでに亡くなっていたため、Aさん及びBさんが法定相続人となるケースでした。また、Cさんの生前は、Aさん及びBさんとの交流はほぼなくなっており、Aさん及びBさんは、当該家屋がそのような状態になっていることを、Cさんが亡くなった後に初めて知って、吃驚したとのことでした。

相続放棄すればよいのでしょうか？

　ＡさんとＢさんは相談前にウェブ検索等で相続についてある程度調べていたようで、相続放棄をすればＣさんの遺産である家屋について責任を負わなくてもよいのではないかと質問されました。

　私としても、相続放棄をすればＡさんとＢさんは初めから相続人ではなくなる（民法939条）ので、それでもいいのかなと少し考えました。

　しかし、当時（令和3年4月28日号外法律第24号改正前民法）の規定では、相続放棄をした場合であっても他の相続人が相続財産の管理を始めることができるまで、自己の財産におけるのと同一の注意をもって、その財産の管理を継続しなければならないことになっており（同改正前民法940条）、相続放棄をしても遺産である家屋の管理責任を免れないことになっていました。

　そこで、相続放棄ではなく別の方法を検討することになりました。

売却できて一安心

　その後、当該家屋と敷地の査定を取得したところ、敷地について、家屋の解体費用を考慮してもプラスが出る金額で売却できそうでした。そこで、相続放棄は行わず、速やかにＡさんとＢさんで遺産分割協議をしたうえで家屋を解体して敷地を売却することにしました。

　終了後にＡさんとＢさんがお礼の挨拶に来てくれてその際に話をしたのですが、ＡさんとＢさんとしてはＣさんが亡くなってから家屋を解体できるまでの間、家屋が倒壊しないかという精神的なストレスが非常に大きかったとのことでした。空き家については放置して時間が経てば経つほどリスクが増すので、迅速な対応の重要性をあらためて感じました。

> 体験談 2

空き家になる前に遺贈

弁護士5年目　男性

シンプルな遺言の相談

　Aさんから、自身が高齢となったため、今後の備えとして遺言を作成したいとの相談がありました。Aさんには配偶者Bさんがおり、子はいません。Aさんの両親はすでに他界しています。Aさんには姉Cさんと弟Dさんがいますがどちらとも長い間没交渉であり、かろうじて連絡先がわかるという状態です（また、CさんとDさんとの間も同様に没交渉であるとのことです）。

　Aさんの遺産としては主に自宅土地建物と預金があり、Aさんの遺産を全て配偶者Bさんに相続させたいという点が主な相談内容でした。

配偶者が先に亡くなっていたら空き家になってしまうのでは

　兄弟姉妹には遺留分がないことをAさんに説明し、Bさんに遺産を全て相続させる旨の遺言を作成することになりました。

　ここで、Aさんから、「私より先に妻が亡くなってしまった場合は家はどうなるのでしょうか」と質問がありました。その場合は、CさんとDさんが相続して遺産分割協議をすることになる旨を答えましたが、Aさんとしては、CさんとDさんとの間で遺産分割の協議が進むとは思えず、家屋が空き家となってしまうことが心配とのことでした。また、Aさんとしてはそもそも長期間交流もないCさんやDさんに遺産を相

続させたいわけではないとのことでした。
　そこで、予備的遺言として、Bさんが先に亡くなっていた場合は、Aさんが現在住んでいる市に遺産の全てを寄付（遺贈）する条項を設けることにしました。

不動産をそのまま寄付できる？

　その中で、預金等であればともかく、不動産をそのまま市に遺贈できるか疑問が生じました。Aさんから市に確認したところ、不動産のままでは市としては遺贈を受け入れないことも多いようでした。
　そこで、Bさんが先に亡くなっていた場合の予備的遺言では、遺言執行者において財産を換価し、その換価金から費用等を控除したうえで市に遺贈する形としました。

事前の対応が何より

　Aさんは、冗談半分で、「もし妻が先に亡くなっていたら私が死んだ後のことはどうでもいい」と話していましたが、それでも仮に空き家が残るとなると気持ちのよいものではなかったようで、遺言で対応できて安心した様子でした。
　もしAさんが懸念していたような形で家屋が空き家となってしまうと空き家の解消には社会における手間やコストを要することが見込まれました。案件によっては事前の対応が困難なまま空き家問題が生じてしまうことも見受けられますが、今回は事前に対応ができるだけの時間的余裕等があったというケースであり、このような場合はやはり事前の対応が何より大切だと実感しました。

> ワンポイントアドバイス

空家については特別措置法による命令等がなされることも

　空き家については、空家等対策の推進に関する特別措置法（「空家対策特別措置法」）が定められています。空き家のうち、放置すれば倒壊等著しく保安上危険となるおそれのある状態の空家等については、特定空家等として、所有者に対する修繕等の命令等がなされ得ることになっています（同法22条1項〜3項）。また、同条3項の命令に違反した場合は50万円以下の過料の制裁があり得ることになっています（同法30条1項）。

管理不全建物管理制度の申立てがなされることも

　令和3年民法改正（令和3年4月28日号外法律第24号）により、管理不全建物管理制度が導入されました（民法264条の14以下）。
　建物の管理が不十分で建物が隣地に倒壊する可能性がある等の場合は、利害関係人（この場合は隣地所有者等）からの申立てにより管理不全建物管理命令が裁判所によりなされることもあり得ます。この場合、管理不全建物管理人によって建物が管理されることになります。管理不全建物管理人の報酬は、管理不全建物の所有者が負担することになります（民法264条の14第4項、264条の13第1項）。

相続放棄の場合は占有に注意

　従前は、相続人が相続放棄をした場合であっても、他の相続人が相続財産の管理を始めることができるまで、自己の財産におけるのと同一の注意をもって、その財産の管理を継続しなければならないことになっていました（体験談1参照）。

　しかし、令和3年民法改正により、相続の放棄をした者は、その放棄の時に相続財産に属する財産を現に占有しているときに限り、相続人等に対して当該財産を引き渡すまでの間、自己の財産におけるのと同一の注意をもって、その財産を保存しなければならないことになりました（民法940条1項）。そのため、相続人が空き家を「現に占有」していない場合には、相続放棄を行うことにより管理義務や保存義務を負わないことになります。

　もっとも、相続人が被相続人と当該家屋で同居しており、相続発生後にその状況のまま相続放棄するような場合は、相続人が当該家屋を「現に占有」しているとして、保存義務を負うことが考えられますので、この点には注意が必要です。

Method 19 相続財産清算人・特別縁故者の財産分与

▶「対策が間に合わなかった」で終わらせない

――高齢者の財産承継については、自身が元気なうちに行っておくのが鉄則。だが、対策が間に合わず、相続が発生してしまうことがあるのもまた事実。そのとき、残された親族や関係者はすべてをあきらめざるを得ないのだろうか。

相続人が不存在である場合の対策

　一定の資産を有する高齢者は、自身の財産をどのように後世に承継していくべきかについて常に関心が高いと思います。ただし、対策の必要性の程度については、財産の規模や親族構成などによって千差万別であり、特に、自身に相続人がいない高齢者の方の対策の必要性は高いといえます。相続人がいない方が何の対策も行わずに亡くなってしまった場合には、仮にその方に財産承継の希望があったとしても、後世にそれを承継させることすら叶いません。

　したがって、相続人がいない方こそ、自身の財産を将来的にどのような形で承継あるいは活用していくべきかを検討し、遺言書の作成などを通じて事前に対策を行うべきであるといえます。

一方で、全ての方が、生前に万全の対策を打てるわけではありません。さまざまな事情により、何らの対策をとらずに相続が発生してしまうケースも少なからず存在します。被相続人に法定相続人がいれば、通常の遺産分割として処理することで、多くの場合問題なく財産の承継が実現できますが、相続人がいなければ、被相続人の財産は行きつくあてがなく完全に宙に浮き、適切な管理・処分すらままならなくなります。それでもなお、法定相続人でなかったとしても、被相続人と生前懇意にしていた親族や、被相続人が有していた財産に利害関係を有する第三者は存在しており、何らかの方法で被相続人の財産を処理していかなければなりません。
　そこで、相続人が不存在であった場合の財産処理について、残された親族や利害関係人は、相続財産清算人の申立てや、特別縁故者の財産分与の申立てを行うことで、財産の承継や処分の可能性を検討していくことになります。

相続財産清算人

　相続人が不存在の場合、被相続人の遺産は、相続財産法人に組み込まれます（民法951条）。そのままでは、財産の事実上の維持管理はともかく、財産の処分を行うことはできません。財産の処分を行うためには、利害関係人又は検察官の請求により、家庭裁判所において相続財産清算人を選任する必要があります（民法952条1項）。
　相続財産清算人は、その職務として、被相続人の相続財産を明らかにしたうえで、あらためて相続人が存在しないかどうかを調査し、必要であれば債務を弁済するなどして財産の処分を行っていきます。最終的に処分されなかった財産があれば、その財産を国庫帰属させ、その職務を完了させます。多くの場合、国庫帰属させる財産は流動財産（現金・有価証券）が中心であり、不動産などは処分の対象になります（ただし、その方針も変わりつつあるようです。平成29年6月27日付理財局国有

財産業務課長事務連絡参照）。

　少なからず、被相続人が有する固有の財産の中に、直接の利害関係があり取得を希望したり、被相続人との関係で思い入れがあり取得を希望したりする親族や第三者が存在すると思われます。その場合には、相続財産清算人が当該財産の処分を行う際、自らがその財産を引き受けられるように交渉することになります。

特別縁故者の財産分与申立

　相続人が不存在の場合であっても、被相続人の生前において、生計を同一にするなど非常に近しい関係性を有していたり、被相続人の生活や療養看護に貢献していた親族や第三者が存在したりする場合があります。そのようなときには、相続人でなかったとしても、被相続人の遺産の一部を承継させる理由や必要性があることから、民法は、そのような「特別縁故者」からの申立てにより、財産分与を行うことを認めています（民法958条の2）。

　特別縁故者が行う財産分与の申立ては、相続財産清算人が選任された後、一定の期間（相続人催告の公告、最短6か月間）経過後に申し立てることになります。したがって、特別縁故者の財産分与申立を行う場合には、相続財産清算人が選任されることが前提条件となります。

　なお、特別縁故者として認められたとしても、必ずしも被相続人の遺産全てを受け取れるわけではなく、裁判所が、被相続人の生前の意思や、縁故関係の濃淡などを踏まえて、個別具体的にどの程度の財産の分与を行うかを決定します。全ての遺産を受け取ることができない場合だと、分与が認められるのが全体の2～3割程度となることもあります。

次善の策を検討すべし

　以上のように、相続人が不存在であったとしても、被相続人の財産を処理する手続が用意されています。ただし、これらの手続は、残された親族や関係者が能動的に動いて進めていく必要があります。その手間を考えれば、相続が発生する前に、あらゆる対策を打っておくことが鉄則です。
　しかし、イレギュラーは常に起きうるものです。それでもなお、被相続人の最後の意思の実現や、残された親族や関係者の希望を実現するため、次善の策を検討していきましょう。

体験談 1

特別縁故者の申立て経験談

弁護士 6 年目　男性

特別縁故者の申立て

　私が弁護士になって 2 年目の頃、依頼者から特別縁故者に対する相続財産分与の申立ての依頼を受けました。
　依頼者 A は元看護師で、被相続人 B は、A が勤めていた病院に通院していた患者さんでした。最初は、看護師と患者との関係でしたが、だんだん仲良くなり、A が病院を退職した後も B との交流が続き、B が亡くなるまでの 10 年間、A は B と家族ぐるみのつきあいをしていたとのことでした。
　A からの話を聞いた際、「そんな関係って本当にあるの？」というのが、正直な私の第一印象でした。

しかし、AにBとの関係がわかる資料や一緒に写っている写真があれば、見せてほしいと依頼したところ、Bが、Aとその配偶者Cとの結婚式に参列している写真や、BがAの家族旅行に参加している写真や、AとCの家にBが一時同居し、AがBの療養看護に努めていたことがわかる資料が提出されました。

この写真や資料を見て、AにとってBは、家族同然の人であり、「被相続人の療養看護に努めた者」（民法958条の2）にあたり、AはBの特別縁故者になるだろうと思いました。

申立て時のヒヤリハット

Aは、特別縁故者に対する相続財産分与の申立ての依頼をする以前に、A自身で相続財産管理人（現在の「相続財産清算人」）の選任の申立て（民法952条1項）を行っていました。そのため、私が依頼を受けた時点で相続財産管理人がすでに就任していました。相続財産管理人に状況を確認すると、公告（当時は最低10か月。現在は6か月）期間中でした。そのため、相続財産管理人に、いつから特別縁故者に対する相続財産分与の申出ができるかと電話をしたところ、口頭で「12月からが申出期間です」と回答を受けたと認識しました。

そのため、その年の12月までに特別縁故者の申出のための資料を準備して、12月に入ってからあらためて相続財産管理人に連絡したところ、「12月が申出期限です」と言われました。

期限の聞き違いにより、余裕をもって準備していたはずが、申立期限まで間もない状況になっていましたので、慌てて資料をまとめ上げて何とか期限中に特別縁故者に対する相続財産分与の申立てをしました。いつ相続財産管理人が就任し、どの手続が何月何日まで、と法文にあわせて期限を計算しておくべきでした。

特別縁故者に対する相続財産分与の額は？

　本件は、AとBとの関係がわかる資料や写真を大量に提出することができましたので、相続財産管理人からはほぼ申立書記載のAとBとの関係を全面的に認める内容の意見書が提出されました。そのため、AがBの特別縁故者に該当することはほぼ争いになりませんでした。
　一方で、分与額については、相続財産管理人から、株式の半分をAに財産分与することが相当であるとの意見をもらえましたが、株式の残り半分と不動産の財産分与は相当との意見はもらえませんでした。
　Aに取得したい財産の希望を確認したところ、AとしてはBから自宅を守ってほしいと託されていたため、一部しか取得することができないのであれば、不動産を優先的に取得したいとの要望を受けました。
　そこで、当方からも意見書を提出して、不動産の取得を希望することやAのBに対する貢献度が大きいことを訴えました。
　その結果、Aが希望する不動産と株式の大部分の財産の分与が相当である旨の審判が下されました。

立替払金についてヒヤリハット

　特別縁故者に対する相続財産分与の申立事件の審判が確定し、後は不動産と株式の名義変更手続が終われば、本件が終了すると思っていたところ、Aから、受任当初に請求した立替払金が支払われていない、との連絡がありました。
　Aから依頼を受けた際、Aは、Bの生前の病院費用や葬儀費用を負担していたとのことでしたので、公告期間中に、相続財産管理人に対して立替払金の支払いを求めていました。
　しかし、請求書を送付した後、申立期限のトラブルがあったことにより、立替払金について精算手続が進められているか、確認できていませんでした。

慌てて特別縁故者に対する相続財産分与の申立ての審判が確定した後でも、立替払金の精算ができるか否か調べたところ、立替払金の精算は、特別縁故者に限られず請求できるものであるから、特別縁故者に対する相続財産分与の審判の前か後かに関係なく、残余財産の帰属先が決まっていない状況であり、かつ裁判所から権限外許可を得ることができれば、精算が可能であることがわかりました。

相続財産管理人に立替払金の精算について確認をしたところ、当方から確認事項に対する回答がなされていなかったため、手続が止まっていたとの回答がありました。そのため、あらためて請求書の送付と質問に対する回答を行い、裁判所に対する権限外許可の申請を行うように求めました。

その結果、無事裁判所から権限外許可が下り、立替払金も精算することができました。

最後に

本件において、Aは、不動産と株式の大部分というBの財産の大半の分与を受けることができました。しかし、分与を受けることができなかった財産があり、また財産を受け取るまでに2年以上の期間が経過してしまいました。

Bが亡くなる前にAに対して遺言書さえ作成していれば、何ら問題なくAがBの財産を全て取得できていたと思うと、遺言書を作成することの重要性をあらためて痛感しました。

体験談 2

大株主がいなくなった？

弁護士 8 年目　男性

社長が急死

　ある日、税理士から、事業承継で業務提供していた会社が困ったことになったので、手伝ってほしいという相談がありました。話を聞くと、事業承継を検討していた会社の社長が急死してしまい、社長が持っていた株式が宙に浮いている、ということでした。一瞬、「相続人からの株式の買取りかな？」とも思いましたが、詳しく事情を聞いてみることにしました。

　実際にお話をお伺いしに訪問すると、会社は急きょ、もともと経理部長を務めていた方が社長に就任し、何とか事業を継続しているということでした。そして、実際に相談事項をお伺いすると、「亡くなった前社長は、全株式の20％を超える株式を保有していたが、同時に会社の債務について連帯保証人になっていた。そのこともあり、前社長の相続人が全員相続放棄をしてしまい、株式を承継する人がいなくなってしまった」というのです。

相続財産清算人選任の申立てを検討

　前社長の保有株式数を考えれば、そのまま放っておいても、直ちに事業継続に支障はないと思われましたが、現社長としては、今後、M&Aを含めた経営の見直しを検討しているため、早期に集約を実現したいとのことでした。そこで、私は、前社長の相続財産清算人を選任し、清算

人との間で株式買取交渉を行うことを提案しました。

　現社長に話を聞いたところ、前社長の相続人らには、相続放棄の手続を支援した弁護士がいるとのことでした。まず、私は、前社長の相続人が依頼した弁護士に連絡をとり、相続財産清算人の申立てをする予定があるかを尋ねましたが、回答は手続の予定がないという素気ないものでした。

　そのため、会社が株式を買い取ろうとするには、自ら前社長の相続財産清算人を申し立てる必要が出てきてしまいました。

会社が申立人になれる？

　そもそも、会社が前社長の相続財産清算人の申立人になれるのでしょうか。民法952条1項は、「利害関係人又は検察官の請求によって、……」と規定されています。会社が利害関係人にあたらなければ、検察官が申立てをしない限りなにもできなくなってしまいます。

　問題は、会社が株式を買い取りたいと考えたときに、それが「利害関係人」となる事由となるかどうかです。具体的な利害関係人の例としては、特別縁故者や、相続債権者を思い浮かべるのが普通ですが、これらと、会社と株主との関係とは、やや性質が異なるようにもみえます。

　一方で、株主が株主総会で意思表明を行うことができないことが長期化することは、会社の最終的な意思決定に一部の株主が関与できない状況が続くのであり、会社としては本来無視できない事象です。また、会社が将来的に配当決議をした場合には、会社は株主の債務者、という整理も可能です。

　そこで、会社が前社長の相続財産清算人を申し立てるにあたっては、上記のような事情を具体的に指摘し、会社が利害関係人に該当することを丁寧に説明しました。結果、裁判所は、相続財産清算人の選任を行う審判を出しました。

清算人と買取交渉

　清算人が選任された後、清算人に対して、株式の買取りを打診しました。清算人も、会社に株式を売却することに特段の異論はなく、具体的な買取金額をどのように定めるかについて、議論することになりました。
　買取りの際の株価については、会社としても、将来的な事業継続を見据え、拠出できる資金に限界がありました。そこで、清算人に対しては、会計士が算定した株価に関する情報提供をしつつも、①株式が少数であること、②資金調達に限界があること、③競売に至った場合にはさらに価値が下がる可能性があることなどを理由に、会社純資産で計算した株価よりも低い価額での買取りを提案しました。
　清算人との交渉の結果、清算人にも会社の事情を理解していただき、おおむね会社側の提案を受け入れる形で合意することができました。実際、清算人となっていた方（弁護士）は、株式の価値について知見をもった方で大変スムーズに話合いが進んだ印象です。これは推測ですが、裁判所が清算人を選定する際に、申立内容から株価が問題となることを予想し、株式売買実務に精通した弁護士を選任することを考えたのかもしれません。

買取りの実現

　こうして、会社は、株式の買取りを実現することができました。この株式の買取りを皮切りに、会社はほかの株主からの株式集約も進めていったようです。
　巷では、会社オーナーが突然亡くなられた場合、途端に会社が立ち行かなくなる事例も散見されます。今回の事例は、事業そのものは円滑に承継できていましたが、相続が発生した場合の株式の行方について考えさせられる事象だったと思います。私が支援した会社は、運よく株式の買取りを実現できましたが、全ての場合でスムーズに進むとは限りませ

ん。やはり、突然相続が発生してしまうことに備えた対策は必須であることをあらためて実感した次第です。

> 体験談3

遺言書が作成できなかった

弁護士8年目　男性

作成途中の遺言書

　ある金融機関の担当者から連絡があり、「遺言書の作成を進めていたが、容体が急変してしまい、亡くなってしまった。関係者の相談に乗ってあげてほしい」と相談がありました。

　早速、関係者の方と面談してみると、今回亡くなられた方は、未婚で両親とも死別しており、相続人がいない状況でした。関係者の方は、被相続人のいとこにあたる方です。

　関係者の方と被相続人は、従前より懇意にしており、被相続人の体調が悪化した後も、連絡をとり合ったり、繰り返し見舞いに訪れていたりしていたとのことでした。そのようななかで、死期を悟った被相続人は、関係者の方に自身の財産を受け継がせたいという希望があり、金融機関のサポートで公正証書遺言の作成を準備していたところ、容体が急変してしまった、とのことでした。関係者の方の手元には、金融機関から案内された案文が残されていました。

　また、被相続人ご本人が最後の力を振り絞って書いた手書きの書面が残されていました。ただ、残念ながら、書いている途中で力尽きてしまったようで、遺言書の要件を満たしていませんでした。

　作成途中の遺言書は、いずれも、被相続人が関係者の方に自身の財産

を残したい旨の意思が表明されていました。

特別縁故者の申立て

関係者の方は、何とか少しでも被相続人の意思を実現したいとのご希望でした。そこで、私は、関係者の方と協議し、被相続人の相続財産清算人の選任を申し立てたうえで、特別縁故者の財産分与申立てを行う方向で進めることとしました。

作成途中の遺言書がどう影響する？

具体的な事情に基づけば、関係者の方が特別縁故者に該当することは問題なく認められるだろうと思われました。一方で、どの程度の財産が関係者の方に分与されるかについては、裁判所の判断次第のところがありました。ごく一般的な特別縁故者の財産分与の事例では、2～3割程度の分与がされるにすぎないケースもあると聞いたことがあります。

そこで、関係者の方には、一般的に特別縁故者に分与される財産はそこまで多くないことを案内しつつ、被相続人が遺言書を作成し、関係者の方に自身の全ての財産を残そうと考えていたことを主張することで、できる限り被相続人の意思の実現を図ることにしました。

申立て後、裁判所と協議を進めたところ、裁判所は、作成途中の遺言書の内容（関係者の方に財産を渡すと書いてありました）を重視し、被相続人の遺産全てを特別縁故者への財産分与の対象とする方向で検討していると話をしました。それについて、相続財産清算人からの異議も出なかったことから、その内容での審判がなされ、最終的に、関係者の方は、被相続人の財産全てを承継することができました。

最後まであきらめない

 本件において、関係者の方は、被相続人の意思を実現したいという思いがあったものの、遺言書の作成ができなかった時点で、半ばあきらめてしまっている状況でした。しかし、被相続人の生前における関係者の方の貢献や、被相続人が遺言書の作成を望んでいた状況が明らかだったことなどが考慮され、望外の結果を実現できたといえます。
 突然の状況の変化などによって、被相続人が想定した意思の実現が難しくなるということは起きうることだと思います。それでもなお、最後まであきらめずに、残された人々によって、被相続人の生前の意思の実現を図ることが重要なのだと感じました。

体験談4

特別縁故者に対する相続財産の分与申立

弁護士11年目 男性

ご相談

 弁護士会での相談で以下のご相談を受けました。
 「自分が身の回りのお世話をしていた親族の女性が最近亡くなった。その方は、私の亡くなった母親の従姉妹であるので、自分は相続人ではないが、その方の親族は誰もおらず、相続人は誰もいない。そのため私が身の回りのお世話をしていた。その方の相続財産があるがどのようにすれば良いか？」という内容でした。
 身の回りのお世話をしていたことが「被相続人の療養看護に努めた者」（民法958条の2）に該当すると考えられたため、相続財産清算人

(当時は相続財産管理人)選任の申立て(民法952条)、及び特別縁故者に対する相続財産の分与申立(民法958条の2)を行うこととなりました。

相続財産清算人選任の申立て

早速、相続財産清算人選任の申立てを行い、選任直後に、選任された相続財産清算人の弁護士と申立人とで面談を行うことになりました。申立てから相続財産清算人面談までの間に、①面談時に申立人が管理していた被相続人の預金通帳・印鑑を相続財産清算人に引き渡せるように準備しておくこと②被相続人の公正証書遺言が存在するか否か検索しておくこと③被相続人が契約していた自宅の賃貸借契約をどのようにするか方針を決めることを検討しておく必要があると感じました。

立替費用の清算

本件では、依頼者が被相続人に関する葬儀費用、墓石費用、自宅の粗大ゴミ処理費用などを負担していました。当該立替費用の清算については、相続財産清算人へ権限外行為許可申立を行ってもらうことを依頼します。その立替費用の金額の内訳・内容は全て相続財産清算人に伝えますが、当然ながら、その1つ1つ全てに客観的資料(領収書など)を提出する必要があります。

特別縁故者に対する相続財産の分与申立

法律上、家庭裁判所の相続財産清算人選任(民法952条1項)後、家庭裁判所が官報に相続財産清算人選任・相続人捜索の公告を行います

（民法952条2項）。この公告期間は最短で6か月間であり、特別縁故者に対する相続財産の分与申立は、相続人捜索の公告期間満了から3か月以内に行う必要があります（民法958条の2第2項）。

「相続人捜索の公告期間満了日はいつなのか？」「特別縁故者に対する相続財産の分与の申立てが可能な期間はいつからなのか？」などについて、裁判所などが教えてくれるわけではないため、自分から情報をとりにいく必要があります。私は、相続財産清算人へ直接電話をして特別縁故者に対する相続財産の分与申立ができる時期を確認していました。

特別縁故者に対する相続財産の分与申立があると、家庭裁判所は、相続財産清算人宛に分与申立があった旨の通知をしたうえ（家事事件手続規則110条2項）、意見書の提出を求めます（家事事件手続法205条）。それを受けた相続財産清算人は、申立人に対しヒアリングを実施します。そのヒアリングをもとに相続財産清算人は裁判所へ意見書を提出し、家庭裁判所調査官による調査を経て、財産分与の審判が出ることになります。

相続財産清算人からのヒアリングについては、主に、①被相続人と申立人との関係、②被相続人と申立人とは同居をしていたのか、③被相続人・申立人の生活歴・生活状況、④申立人が看護する前、申立人と被相続人にどのような交流があったのか、⑤申立人の被相続人に対する療養看護（療養看護の頻度・どのような療養看護を行っていたのか）、⑥申立人の被相続人の死後の被相続人に対する関わり方（葬儀など）について、相続財産清算人に説明をしました。この説明については、戸籍・契約書・手紙・領収書・通帳などの客観的資料のほか、申立人の陳述書を作成し、相続財産管理人にこれら書面を提出しました。

これにより、（相続財産清算人への報酬を控除した）相続財産全額を特別縁故者たる申立人へ分与するべきとの審判が出され、無事全額回収することができました。

> ワンポイントアドバイス

財産分与までには時間がかかる

　既に述べたとおり、特別縁故者の財産分与の申立てが可能になるのは、相続財産清算人が選任されて、6か月間の相続人催告の公告期間が満了した後になります。そこから、実際の申立て、裁判所が行う事実調査などが行われることになりますから、相続開始から実際に財産分与の審判がなされるまで、1年以上の時間を要する可能性が高いです。

　業務として特別縁故者の財産分与申立てを受任する際には、依頼者に対し、スケジュール感を正確にお伝えし、仮に財産分与が認められたとしても、結果がわかるまでに時間がかかることについて理解を得ておくようにしてください。

Method 20 お墓の問題

▶ 依頼者に寄り添った対応を

——相続が発生した際に、お墓の管理や、遺骨の処理について争いがある場合、弁護士が委任を受けお墓の処理等を行う場合がある。お墓の処理等を行うにあたっては、どのような点に留意すべきか、どのような手続が必要であろうか。

祭祀に関する権利の承継

　相続人が被相続人の財産に属した一切の権利義務を承継するという原則（民法896条）に対し、民法上祭祀に関する権利、すなわち系譜、祭具、墳墓の承継については、重要な例外として規定されています（民法897条）。

　系譜とは、家系図、過去帳など祖先以来の系統を示すもの、祭具とは、位牌、仏壇、仏具、神棚など祭祀・礼拝の用に供するもの、墳墓は、墓石、墓碑だけでなく、その所在する土地（墓地）の所有権や墓地使用権を含むとされています。

　これらの祭祀財産は、相続財産を構成せず、慣習に従って祖先の祭祀を主宰すべき者がこれを承継することとされています。祭祀承継者は、これら祭祀財産を維持・管理していくことになりますが、お墓の維持管理費用等、祭祀財産の維持・管理には、一定の費用がかかることから、

その選任にあたっては慎重に検討しなければなりません。

墓地使用権の法的性質

　墓地使用権は、民法の典型契約である土地の賃貸借契約の類型に属するものであるものの、墳墓は、契約者の死後も代々承継されることを予定したものであり、民法上の地上権などよりも長期間の存続を前提としたものです。そのため、賃貸借契約のような一定期間の使用権とは異なり、永代的な使用権ともいうべき性質を有していると考えられていますが、その法的性質については、裁判例でも確定していません。

　墓地使用契約には、永代使用料のほかに、墓地管理費用の支払いについても明記されていることが多いです。永代使用料は、墓地を使用するための権利の対価となりますが、墓地管理費用は、霊園やお寺の維持のために毎年支払う維持費用であり、賃貸借契約でいう共益費に相当するものです。

改葬手続

　改葬とは、埋葬した死体を他の墳墓に移し、又は埋蔵し、もしくは収蔵した焼骨を、他の墳墓又は納骨堂に移すことをいいますが（墓地、埋葬等に関する法律2条3項）、改葬を進めるためにはそれぞれの寺院や墓地規則上の手続だけでなく行政上の手続が必要となることに注意が必要です。

　行政手続の流れは主に①改葬先の墓地の管理者から使用許可証を取得、②墓地管理者から埋蔵証明を取得、③市区町村から改葬許可証の交付、④改葬前の墓地から改葬後の墓地へ遺骨の移動となります。市区町村によって提出する資料が異なる場合もあるため改葬を進める際には、市区町村に確認しながら手続を進める必要があります。

> 体験談1

どこのお墓に入れるの？
―遺骨をめぐる子らの争い

弁護士4年目　男性

紛争の概況

　「自分が死んだら、自分の遺骨は自分が購入したお墓に入れて供養してほしい」このように話していた親Aさんは、息を引き取りました。しかし、子らで親の遺骨をめぐり、紛争は起きました。実は、さまざまな事情があり、親Aが購入していたお墓での供養が叶わず、親Aの遺骨をどのお墓に入れるかで紛争が生じたのです。
　BとCは、Aの子で、きょうだいです。Bは、昔から家族思いだったのだから、Aの先代が眠るお墓に入れるべきだと、Cは、先代が眠る墓も墓じまいがそう遠くない未来に迫っているから、今後の世代のことも考えて、永代供養墓に入れるべきだと意見が対立したのです。

祭祀承継とは？

　系譜、祭具、墳墓の所有権は、相続財産とは異なる扱いがされています。これらの物件は、被相続人の指定の有無、指定がない場合には慣習、慣習がない場合には家庭裁判所の審判で承継すべき者が定められます（民法897条1項及び2項）。実際は、管轄も踏まえつつ、家事調停を申し立てるか、いきなり家事審判を申し立て、家庭裁判所によって付調停とするか、からスタートになることがほとんどです（管轄について、家事事件手続法190条1項、245条1項等）。

ただし、これらの物件の中に「遺骨」という文言は規定されていません。遺骨はどのように取り扱われていると考えられているのでしょうか。判例によれば、遺骨は祭祀承継者に帰属するものとして取り扱っている傾向にあります（例えば、最三小判平成元年7月18日家月41巻10号128頁〔27809714〕。同判決は原審の判断を肯定したにとどまっているため、評価が分かれるところです）。

判断基準は何か？

それでは祭祀承継者を定めるにあたっての判断基準とはどのようなものになるのでしょうか。裁判例を通覧すると、やはり被相続人の生前の意思、被相続人と祭祀を承継する者との生前の関係性、祭祀を承継する者の意思や後の世代への承継の現実性などが考慮されているようです。

ただ、今回のケースでは、被相続人の生前の意思は生前に購入していたお墓に入ることだったのですが、それが叶わないため、難航することになります。

判断と振り返ってみて

最終的に裁判所は、先代のお墓に入れるべきとしたBに軍配を上げました。親Aの先代やAの兄弟姉妹との生前の交流の頻度や内容、喪主をBが務めたこと、Bの祭祀承継の意思やAの死後のBの行動などを考慮して判断がなされています。

今回のケースで思い知ったのは、生前にお墓を決めておけば問題ないというわけではないということです。お寺側の事情でお墓が利用できなくなることもあれば、被相続人との意思疎通ができなくなった段階で勝手に墓じまいされてしまっていたというようなことも起こるかもしれません。お墓を決めておくだけではなく、「なぜ、このお墓に入ろうと

思ったのか」という理由までしっかりと「形として」残しておくことが重要です。

> 体験談 2

遺骨でひどく争った案件

弁護士 6 年目　男性

トラブルの原因は？

　依頼者の女性 A から遺産分割の依頼がありました。被相続人の法定相続人は、被相続人の妻である A と被相続人の母親である B の 2 人でした。被相続人は亡くなった当時 60 歳前後であり、A とは婚姻して 3 年程度しか経っていない時期でした。

　A と B との関係は、被相続人が存命だった頃からあまりよくありませんでした。そのうえ、被相続人が亡くなった後、A が葬儀の準備をしていたにもかかわらず、B 及び他の親族側が A とは別に葬儀会社を手配してしまったことで、B が喪主を務めることになり、A が妻であるにもかかわらず、ほとんど蚊帳の外に置かれてしまい、被相続人とお別れをする機会を大きく奪われてしまったことで、A と B との間の関係が完全に破綻してしまいました。

一番の問題は遺骨！

　A から依頼を受けた段階で、B との間で、遺産分割の方法に限らず、被相続人の財産である収益物件の管理方法や税務申告などでいろいろと

対立しましたが、一番大きく対立したのは、遺骨の問題でした。

　被相続人の葬儀の喪主をＢが行ったので、葬儀の後遺骨はＢに渡りました。Ａとしては、被相続人が存命の頃から、被相続人と一緒の墓に入るという話をしていたので、自分が祭祀承継者となり、納骨すると思っていました。しかし、ＢはＡに遺骨を渡さないどころか、Ａが遺骨に対面することも許しませんでした。

　Ａとしては、遺骨が納骨されてしまってからでは遺骨の場所がわからなくなるから、一刻も早い引渡しや、引渡しにどうしても応じないのであれば分骨を検討してほしい、最低限とにかく早急に遺骨と対面させてほしい、という強い想いを抱えていました。

　当方も、何度もＢ側に対して、遺骨の引渡しや分骨の検討、対面を依頼しましたが、Ｂ側は、Ａをひどく警戒し、一度でも対面させたら遺骨を奪って逃げられる可能性があるなどと主張して、遺骨との対面すら認めてくれませんでした。

　そのうち、Ａは、Ｂ側が被相続人の遺骨を、違う骨とすり替えてしまうのではないかという疑心暗鬼に駆られるようになってしまいました。

　当方も、Ａが遺骨と対面することを切望していることはわかっていましたが、法的に早急な手段で遺骨の引渡しを求めることや、分骨を求めることは難しい状況でした。

　遺骨は、法律の明文にはないものの祭祀承継者に帰属するものと取り扱われている（最三小判平成元年７月18日家月41巻10号128頁〔27809714〕など）ため、遺産分割調停を申し立てると同時に、祭祀承継者指定の調停を申し立て、調停の中で何度も話合いを行いました。

　しかし、遺骨について、Ｂも全く譲歩することができず、Ａが遺骨と対面することがなかなか叶いませんでした。そしてそのうち当方とＡとの関係もうまくいかなくなり、結局は委任契約を合意解約することになってしまいました。

最後に

　私が本件を受任をした当時、相続事件については複数経験してはいましたが、祭祀承継が問題になった事案にあたったことはありませんでした。

　そのため、誰が祭祀を承継するか、遺骨を誰が引き取るのかという問題が、依頼者にとってどれだけ強い想い入れがあるものであるかを十分には理解できていなかったのだと思います。今回の件で、誰が祭祀承継者になるかという問題は当事者にとっては金銭に変えられない問題であることを実感しました。

　本件の後は、相続問題でも、遺言書を作成する際に祭祀承継者の指定の文言の重要性を強く認識したのは言うまでもありません。

体験談 3

お墓の管理を誰に任せるか

弁護士5年目　男性

お墓の管理

　顧問先のお寺から連絡があり、お墓の管理費用を滞納している方が何名かおり、「滞納費の回収、回収が難しいようであればお墓を撤去したい」という相談を受けました。

　お墓を強制的に撤去する際には、民事上の法的手続だけでなく、改葬手続（行政手続）を経る必要があります。本件では、滞納者が滞納した管理費用を支払っていただけるのであれば終了となりますが、滞納者が滞納した管理費用の支払いを拒んだ場合や、滞納者が死亡している場合

などにお墓を強制的に撤去させる方法の検討が必要となりました。

管理費滞納解消・強制撤去までの段取り

　私が整理した管理費滞納解消・強制撤去までの段取りは以下のとおりでした。
　１．滞納者が存命もしくは相続人が判明した場合
　　　滞納管理費の徴収又は墓地の返還を求める内容証明郵便の送付
　　①滞納者又は相続人が支払いをした場合
　　　⇒終了
　　②滞納者又は相続人に通知書が到達したものの、支払いを拒否された場合
　　　⇒墓石収去土地明渡請求の訴訟提起、執行手続
　　　　訴状には墓地の収去明渡だけでなく、改葬手続をすることを承諾することを明記（行政手続）
　２．宛先が不明・相続人が不在
　　　無縁化した墓地の改葬手続
　　①無縁墳墓改葬する旨を官報に掲載（１年間）
　　②無縁墳墓改葬する旨を、１年間お墓や納骨堂の見やすい場所に立札を設置して掲載
　　③無縁墳墓改葬許可申請
　　　・埋葬証明書、埋蔵証明書、収蔵証明書のいずれかを取得
　　　・無縁墓の写真、位置図を取得
　　　・①、②から１年間公告したが、改葬について申し出る人がいなかった旨を記載した書面を用意

お墓の管理を誰に任せるか

　最終的に多くの方がお墓の管理費を滞納していること自体を把握していないケースが多く、ほとんどの方は内容証明を送付後、支払いに応じてもらえました。一方、管理費を支払うことを拒否・相続人が不在、相続人が判明したものの連絡がとれない場合など、現在も訴訟手続・無縁墳墓の改葬手続が進行している方もいます。墓地が強制的に収去されるケースの多くが上記管理費用の滞納を要因とすることが多いことからも、祭祀承継者やお墓を今後管理していくことになる相続人が明確な場合には、事前に墓地管理費用が毎年発生することを説明しておくと余計な紛争の防止になると思います。

　お墓は、個人の遺骨を納めて供養する場所であり、代々管理を引き継いでいく性質を有するものである以上、自身の代以降のお墓の管理者を曖昧にしてしまうことによって、代々承継してきたお墓が撤去されてしまうことは多くの方にとって望ましい状態とはいえないと思います。

　お墓の管理者を誰にするのか、代々承継していくものであるからこそ、しっかり定めておくことが重要です。

ワンポイントアドバイス

お墓の最新事情

　近年、お墓の承継者がなく墓じまいをするケースが増えています。その中で、お墓の在り方自体もこれまでとは異なるものが増加しているようです。例えば、自動搬送式納骨堂というものがあり、納骨堂ではあるものの、共用の参拝室にお墓が設置されており、そこに機械が遺骨を収蔵した厨子が運ばれる仕組みとなっています。こちらは、施設の管理人が供養を続ける関係で、後継者がいない方や継続的な管理が難しい方が

利用される場合が多いようです。また、永代供養付き（墓地の管理者が故人を供養）のお墓や、樹木葬（樹木や草花を墓標にするもの）、合祀墓（不特定多数の遺骨を1つの納骨室に収めるお墓）、散骨（お墓のない葬法）といったように、後継ぎが不要なお墓、葬法が広まっているようです。お墓の在り方自体の相談を受けるケースは多くないかと思いますが、後継ぎが不要なお墓もあるということを知識として備えておくことも有用です。

Method 21 高齢者案件でのあるある話

▶ 時機に応じた適切な判断を

――依頼者もしくは相手方が高齢者である場合、万が一のことが起きれば、当該債務もしくは債権は、相続人に引き継がれることになる。相続が生じた場合、依頼者の存命中にはない問題点が生じうるため、先の展開を予測した判断が求められる。

依頼者が高齢者である場合

　依頼者が高齢者である場合、依頼者に万が一のことがあれば、委任契約が終了します。必要に応じて、法定相続人らに対しては、依頼者からどのような依頼を受けていたかを説明し、当該債権債務を相続する方と協議し、引き続き案件を受任するかどうかを決めることになります。生前の依頼者との関係が良好であっても、相続人とも良好な関係を築けるとは限らず、一から信頼関係を構築する必要があります。

　他方、依頼者が存命のうちに解決することが強く求められる事案もあります。例えば、依頼者が離婚を希望している場合には、依頼者が存命中に離婚を成立させなければ、相手方は依頼者の遺産を相続する権利を有することになるため、依頼者が相手方に遺産を相続させたくないという強い希望をもっている場合には、特に早期解決が求められることになります。

紛争の相手方が高齢者である場合

　紛争の相手方が高齢者である場合も、相手方に万が一のことがあれば、当該債権債務の相続人との間で、紛争が継続することになります。相続人らは、相手方（被相続人）の事情を知らないことも多く、相続人が複数である場合も想定され、紛争の解決が遠ざかる可能性があります。他方で、紛争になっていた経緯が相手方個人の感情面によるところが大きい場合には、相続人がその感情を引き継いでいなければ、あっさりと解決できる場合もあるかもしれません。

解決の時期に正解はあるか

　依頼者もしくは相手方が存命のうちに解決することに意味がある事案であれば、やはり存命中の解決に努めるべきなのでしょう。他方、存命中に解決することが必須でない事案については、万が一のことがあった場合のシミュレーションは事前に行っておき、依頼者と相談しながら解決の時期を図っていく必要があると思われます。

> 体験談 1

さまざまな和解のタイミング（高齢者案件編）

弁護士 4 年目　男性

よくある遺産分割の訴訟案件

　この事件では、意思疎通などに大きな問題はないが、高齢のためか体

調面が芳しくない方が依頼者でした。被相続人は、依頼者の親であり、相手方も相続人です。相手方相続人も90代後半のかなりのご高齢の方でした。遺産に何が含まれるのか、誰が遺産を勝手に処分したかなど遺産の範囲と不当利得が問題になっている事案でした。

訴訟期日前日に鳴る電話

　私は、次回の訴訟期日に臨むために打合せの電話をしていたのですが、なかなか電話がつながらなくなってしまいました。打合せができずに訴訟期日前日になり、依頼者の配偶者から電話がありました。「依頼者が昨日未明に亡くなりました」という内容でした。

受継手続や訴訟追行の難しさ

　この事案では、裁判官が、早期の和解を当事者に勧めていました。裁判官は、依頼者や相手方の推定相続人について期日でヒアリングを行うなかで、依頼者や相手方が亡くなってしまうと訴訟の長期化が避けられず、解決もより困難になるという問題を抱えている事案だと考えたものと思われます。裁判所和解案も穏当なものであったため、早期の説得を試みるべき事案ではあったようです。

　依頼者が亡くなってしまったために、遺言の有無、戸籍の入手、訴訟受継意思確認のための相続人からの訴訟委任状の取得などが必要となりましたが、相続人には疎遠な方もおり、手続は難航しました。また、依頼者の配偶者も事案については断片的しか聞かされておらず、全容がわからないために訴訟の方針もなかなか決まりません。

是非はともかくも……

　高齢者案件の和解のタイミングとしては、上記のような手続の煩雑さ、意思統一の困難さなどを加味すると、今後を見越して早期に和解を試みるというのも1つの手段かもしれません。あまり体調の芳しくない高齢者から委任を受け、訴訟に臨む場合には、（不謹慎ではあるのですが……）一般的な訴訟よりも死亡後のリスクについて折り込んで考えておく必要があります。ただし、内容がセンシティブであり、依頼者の属性や性格にも左右されるところですので、和解の提案の際にはかなり注意を払う必要があると思われます。

　逆に、相手方が極めて高齢であるような場合には、いつ相続が開始してもおかしくなく、いざ相続が開始すると権利関係が複雑になることも想定されます。訴訟の長期化は避けられないため、こちらも早期の和解が選択肢になるところです。

体験談2

破産しないという選択

弁護士6年目　男性

高齢者からの破産相談

　私が弁護士3年目の頃だったでしょうか。懇意にしているA社長より、古くからの友人ということで紹介を受け、個人破産を考えている依頼者（都内在住）にお会いしました。お会いした時点で75歳くらいの方だったと記憶しています。Bさんという友人と同居しており、債権者からの書類などが届くことがBさんに対して申し訳ないので早く破産

したい、というお考えのようでした。そして早く債務をきれいにして、余生を穏やかに過ごしたい、という願いをお持ちでした。

　お話を聞くと、消費者金融やローン会社からの借入れを長年少しずつ返していたが、まだ元本が300万円ほど残っている、しかし、もうまともな収入も見込めないので完済できないということでした。詳細に相談した結果、個人破産の申立を行い、再度お会いして準備を進めることにしました。

話をよく聞いてみると……

　2度目の面談を実施し、個人破産の申立ての手続内容や必要となる資料の説明を行い、打合せを終えました。帰り際の雑談で、「現在独身だとお聞きしていますが、ほかにご家族はいらっしゃるのですか？」とお聞きしたところ、離婚経験があり、お子さんはいない、両親はすでに逝去、弟がいるものの15年ほど連絡をとっていない、ということでした。弟さんが唯一残っている家族であるものの、しばらく連絡をとっていないこと、そしてご自身が長年借金に苦しんでいることで連絡することがはばかられるということで、疎遠になっていたことが心に引っかかっていたようです。

　また、依頼者が代表取締役に就任しているが休眠状態になっている法人があり、その保証債務として2,000万円程度があることも判明しました。

Bさんとの別れ、依頼者の心境の変化

　破産の準備を進めていたところ、突然、依頼者の同居人であるBさんが亡くなり、依頼者は同居人を失うことになりました。冒頭で説明したとおり、依頼者としては、破産申立の動機として、Bさんに迷惑をか

けたくないという思いがありました。同居人を失ったショックもあり、依頼者はなかなか破産申立の準備に力が入らないということで、私はしばらく依頼者からの連絡を待つことにしました。

破産しないという選択へ

しばらくして、依頼者から連絡がありました。「私に破産しないという選択肢はあるのでしょうか。債権者が差し押されられるような財産も持っていません。同居人も亡くなりましたので、裁判所に出頭する気力もなかなか出てきません。今後は生まれ育った故郷（東北地方）でひっそりと暮らしたいです」という質問でした。私は、破産すれば債権者からの通知書類などは届かなくなり安心した余生を過ごせること、他方、破産しなければ、引っ越しても通知書類が届く可能性はあること、そして依頼者に万が一のことがあった場合には法定相続人の弟が相続放棄をしない限り債務を引き継ぐことになり負担が生じること、などを説明しました。

依頼者は悩んだ結果、破産しないという選択をすることに決めました。「これまで大変お世話になりました。あとはひっそりと東北のほうで余生を過ごすつもりですが、債権者と大きなトラブルになった場合はまたご相談させてください」というお話でした。

しかし、私としては、もし万が一のことがあると、弟が相続放棄を考える必要が出てくると考えていました。依頼者に対し、その旨お伝えしたうえで、弟に何か説明しておいてもよいのではないか、と尋ねました。

弟との再会

依頼者は、現状を弟に話すのはやはり気が進まないということで悩んでいました。しかし、ある日決断し、存命のうちに弟に手紙を送り、弟

に会って自身の現状を説明したい、そして現在置かれている法的状況については私が立会いのもとで説明してもらいたいという考えに至りました。

いざ手紙を送ってみると、弟もずっと依頼者の生活状況が気になっていたようで、すぐに会おうという話になりました。最終的に私の事務所に依頼者、弟が集まり、破産申立はひとまず見送るという依頼者の意向、そして破産しないままで万が一のことがあれば弟は相続放棄を検討しなければならないことを双方で共有しました。やはり弟としては最初は債務状況にショックを受けており、相続放棄を頭に入れておかなければならないということで大変不安な気持ちがあったようですが、依頼者の存命中に再会するきっかけができたことで、少し心のモヤモヤがとれたような気持ちもあったようです。

その後、約3年後に弟から連絡があり、依頼者が亡くなったとの報告を受けました。当初の予定どおり相続放棄を行い、最終的に依頼者の生前の債務は弟が相続放棄を行うという形で清算されることになりました。

本件に限らず、存命中に体力、気力、費用を負担して破産するか、それとも見送るかはとても難しい問題ですが、依頼者の意向、境遇をしっかりと聞き取り、弁護士として適切な判断をすべきであると再認識させられた事案でした。

夫婦関係の終活途中で発生した相続問題

弁護士6年目　男性

終活としての離婚相談

　私が弁護士4年目の頃だったと思いますが、会社の案件で一度相談を受けたことがある社長さん（70歳）から突然電話がありました。「実は私には戸籍上の妻がいます。妻も70歳くらいです。30年前に私が家を出ており、もう全く連絡をとっていませんし、生活費も渡していませんでした。夫婦関係は完全に冷め切っていますし、お互いが全く別々の暮らしを送っています。ただ、もう年も年ですし、ダラダラと籍を入れた状態のまま余生を送るのもどうかと思いまして。とはいえ、今さら別れるために連絡を取るのも気が引けます」という悩みを打ち明けられました。要は、現状に大きな不満はないけども、夫婦関係は破綻しており、存命のうちに家族関係をきれいにしておきたい、そして自宅も売却してお金に変えたい、ということでした。そして、自分に万が一のことがあれば、自宅や預貯金を妻が相続することになるが、それだけはどうしても納得がいかない、ということでした。
　私は、ご依頼があればいつでも妻に連絡をとると依頼者には伝えていましたが、どうしても依頼者の決心がつかず、相談から約1年が経過しました。

妻の訃報

　相談から約1年が経過し、依頼者から連絡がありました。「昨日、警

察から電話があり、自宅で妻が死亡しているというと告げられました。事件性はないそうですが……どうすればよいでしょうか」という相談でした。私も一緒に自宅に向かったところ、2行の預金通帳（合計1,000万円程度の残高）、ブランド物の時計（中古品でも50万円から100万円で売られている）、価値不明のアクセサリーなどが見つかりました。他方、自宅に届いている郵便物を見る限り、債権の督促状などが届いている様子はなく、債務も特段存在しない様子でした。合計1,000万円超の遺産について、法定相続人らで遺産分割協議をする必要が出てきました。

最終的に……

　本件で私が弁護士として学んだのは、あのまま無理をして生前に離婚を申し入れていれば遺産を相続することはできなかったものであり、いかなる判断を行うかによって結論が全く異なっていた点です。もしくは私が積極的に離婚への着手を勧めていたら、離婚協議が進み、結果的に本件の結果よりも経済的、時間的にも損をしていたことは間違いありません。もちろん、当時離婚を進めていても、弁護士としては問題はなかっただろうとは思います。しかし、一度落ち着いて、もし離婚しない場合に妻と夫のどちらの相続が先に発生する可能性が高いのか、そしてその場合はどのような結果が見込めるのか、ということを事前にシミュレーションしておくことが大切ではないかと思いました。

　当初は自分の遺産を相続させたくないから離婚したいという依頼者の意向でしたが、離婚を躊躇している間に、依頼者が妻の遺産を相続することになるという不思議な案件でした。

依頼者の相続人とのトラブル

弁護士6年目　男性

依頼者から受注していた建物明渡請求訴訟被告事件

　以前、建物明渡請求事件の被告となった方からの依頼を受けたことがあります。依頼者は、当時80歳を超えていました。
　事案としては、依頼者が原告から一戸建てを賃借していたところ、当該一戸建てが朽廃しているため、一戸建てを取り壊してアパートを建築する方法で敷地を有効活用したい、というものでした。本事案は、関東圏の事案であったため、東京から何度も現地に向かい、裁判官も進行協議期日として本件一戸建てに複数回足を運ぶなど、大変労力を費やした事案でした。結果として、朽廃の程度が大きく、かといって当該建物に大きな費用をかけて修繕するのは合理性を欠くとして、立退料400万円を受領する代わりに被告に明渡しを命ずる判決が出ました。本件は上告受理申立まで行いましたが、原審は覆らず、判決は確定となりました。相手方から立退料が私の預り金口座に振り込まれ、後は家を明け渡すのみとなりました。

依頼者の突然の逝去

　判決確定後、業者に頼んで新たな転居先荷物の搬出を終えた瞬間、被告はその一戸建ての前で突然倒れ、救急搬送されました。被告としては、生まれてからずっと暮らしてきた家であり、終の棲家にしたいと考えいるとかねてから話していました。いざ家を後にすることとなり、気持ち

が切れてしまったのかもしれません。

立退料の返金で起きたトラブル

　依頼者の法定相続人は、妻と弟でした。私は、両名に対し、立退料の取得額の配分ついて協議してもらい、弁護士費用及び実費（交通費、印紙代等）を控除したうえで、両名の配分割合に従い返金する旨、説明しました。しかし、依頼者の弟は、本件敗訴が原因で依頼者が亡くなったのだとして、私に対する否定的な感情を見せていました。退去になったのだから弁護士費用を払う必要はない、そして裁判資料のコピーを全て郵送せよ、適切な弁護活動だったかを確認する、とも言われました。

　最終的に弁護士費用については、委任契約書に記載があるので納得いただいたのですが、実費については、小さな金額であっても全て疎明資料を提出するよう弟からは求められました。本件は、私が実費精算を後回しにしていたことも今となってはよくなかったのですが、最終的に私が算定して控除した実費のうち、都内から東京駅に向かうまでの交通費数回分、合計500円程度の疎明資料が保管できていない状況でした。弟は、「実費の過剰請求である。懲戒請求も検討する」と述べ始めました。私は、現地調査のために事務所から東京駅（そして東京駅から現地）に向かったことは確実な事案であり、疎明資料が残っていなくとも交通費は計上させてもらいたいと話しましたが、弟の理解を得ることはできませんでした。

依頼者との信頼関係は引き継がれるとは限らない

　結局、私は疎明資料を保管していなかった合計500円程度の実費については、控除しない判断をしました。私は、本件は敗訴だったとはいえ、判決確定後も生前の依頼者とは信頼関係が築けていた自負がありました

ので、恐らく数百円の実費のために疎明資料の提出を求められることもなかったであろうと思います。

依頼者と相続人は血がつながっているとはいえ、相続人とは信頼関係が全くない状態から会話をしなければならないのだということを痛感しました。今回は数百円程度の実費請求の場面だったので傷は浅かったですが、もっと高額な実費請求の場面、場合によっては委任契約書を作成していない（職務基本規程違反ではありますが）、もしくは紛失したために、相続人に対して弁護士費用の請求でトラブルが生じる場面も世の中にはあるだろうと思います。日々の業務から、自身の請求権を裏付ける資料は確実に保管しておくべきであると、再認識した事案です。

ワンポイントアドバイス

存命中の判断がその後の結論に影響を与える

体験談1は早期和解を目指していたものの依頼者に相続が発生し、その後の受継に負担が生じたケース、体験談2は存命中に破産するかどうかを迷ったものの、破産しない選択をとったケース、体験談3は妻の存命中に離婚をしなかったために妻の遺産を相続したケースです。いずれも存命中の判断内容によっては異なる結末を迎えていた可能性があります。正解はないとはいえ、万が一のことがあった場合にどのような展開がありえるか、事前にシミュレーションしておくことが肝要です。

信頼関係は相続できない

体験談4は、依頼者とは信頼関係を構築できていたものの、相続人と

のコミュニケーションに困難が生じた事案でした。遺産は相続できても信頼関係は相続できません。弁護士としては、依頼者のみならず、誰に対しても自己が適切な業務を行っていることや費用請求の根拠を説明できるよう、記録と資料の整理は入念に行うべきだといえます。

◻ 税金にまつわる話

　高齢者に関係する税金として相続税が挙げられることが多いですが、関係する税金は、なにも相続税だけではありません。高齢者となった後にもかかる税金として主に下記のものが考えられます。

1　所得税・復興特別所得税
　公的年金を主な収入源とする場合、公的年金等は雑所得として課税対象であり、一定金額以上を受給するときには所得税及び復興特別所得税が源泉徴収されていますので、確定申告を行って税金の過不足を精算する必要があります。

　もっとも、年金受給者の確定申告に伴う負担を減らすため、公的年金等受給者は、①公的年金等の収入金額が400万円以下、②公的年金等以外の所得金額の合計が20万円以下のいずれにも該当する場合は、確定申告が不要となります（確定申告不要制度）。

　なお、ここでいう公的年金等には、国民年金、厚生年金、恩給、確定給付企業年金、確定拠出年金、一定の外国年金なども含まれることに注意が必要です。

2　住民税
　住民税は、確定申告を基に地方自治体が税額を算出します。年金受給者で確定申告不要制度を利用した場合であっても、住民税の申告が必要な場合もあるので、その点には注意が必要です。

　公的年金受給者で住民税の納付義務がある場合、一部の市区町村を除き、公的年金から住民税が引き落とされます。納税額につ

いては、地方自治体から発送される税額決定通知書で確認することができます。

3 固定資産税・都市計画税

高齢者が不動産を有する場合には、固定資産税と都市計画税を納付することになります。これらの税は、毎年1月1日時点の不動産の所有者が納税義務を負うものであり、年の途中で不動産を売却した場合でも、その年の1月1日時点の所有者がこれらの税金の納税義務を負うため注意が必要です。

日本は健康寿命が世界一の長寿社会を迎えており、高齢者となった後も生活は長く続いていくことになります。日々の生活にかかる税金を把握することは、今後の生活の安定を図ることにもつながるため、自身の生活の安定をさせて健康に過ごしていくうえで重要となります。

執筆者一覧（五十音順）

編集代表・執筆

西村　健　　　（62期・東京弁護士会）／堀法律事務所

編集・執筆

畔山　亨　　　（67期・東京弁護士会）／畔山総合法律事務所
荒籾　航輔　　（69期・東京弁護士会）／弁護士法人Y＆P法律事務所
稲葉　治久　　（65期・東京弁護士会）／弁護士法人稲葉セントラル法律事務所
樋口　智紀　　（66期・東京弁護士会）／港共同法律事務所

執筆

上田　晃司　　（69期・東京弁護士会）／上田法律事務所
江口　洋介　　（72期・東京弁護士会）／露木・赤澤法律事務所
下田　真希　　（74期・東京弁護士会）／奥・片山・佐藤法律事務所
野﨑　智裕　　（74期・東京弁護士会）／法律事務所碧
益田　樹　　　（73期・東京弁護士会）／弁護士法人ダーウィン法律事務所
三浦　裕和　　（71期・東京弁護士会）／虎ノ門法律経済事務所
門馬　憲吾　　（74期・東京弁護士会）／新銀座法律事務所

サービス・インフォメーション
───── 通話無料 ─────
① 商品に関するご照会・お申込みのご依頼
　　TEL 0120 (203) 694／FAX 0120 (302) 640
② ご住所・ご名義等各種変更のご連絡
　　TEL 0120 (203) 696／FAX 0120 (202) 974
③ 請求・お支払いに関するご照会・ご要望
　　TEL 0120 (203) 695／FAX 0120 (202) 973

●フリーダイヤル（TEL）の受付時間は、土・日・祝日を除く
　9:00〜17:30です。
●FAXは24時間受け付けておりますので、あわせてご利用ください。

こんなところでつまずかない！
高齢者をめぐる法律問題21のメソッド

2025年2月10日　初版発行

編　著　　東京弁護士会　親和全期会

発行者　　田　中　英　弥

発行所　　第一法規株式会社
　　　　　〒107-8560　東京都港区南青山2-11-17
　　　　　ホームページ　https://www.daiichihoki.co.jp/

デザイン　中村圭介・平田賞
　　　　　（ナカムラグラフ）

高齢者21　ISBN 978-4-474-09611-0　C2032（5）